Capítulos:

CAPÍTULO ZERO

Se você está lendo este livro, provavelmente já tem um interesse genuíno em segurança da informação e na profissão hacker. Mas antes de mergulharmos nos detalhes, quero que você entenda algo fundamental: ser um hacker ético não é apenas uma profissão, é uma responsabilidade. A capacidade de encontrar vulnerabilidades em sistemas, desvendar códigos e manipular dados é, sem dúvida, um poder. E como qualquer poder, ele deve ser usado com sabedoria e ética.

O mundo digital que habitamos está sob constante ameaça. Hackers mal-intencionados, conhecidos como black hats, estão sempre à espreita, prontos para explorar fraquezas e causar danos que podem resultar em prejuízos incalculáveis. Por outro lado, a necessidade de hackers éticos, ou white hats, nunca foi tão crítica. Estes profissionais são os guardiões da internet, trabalhando incansavelmente para proteger empresas, governos e indivíduos contra ataques cibernéticos.

Este livro foi escrito com o propósito de formar uma nova geração de hackers éticos. Pessoas como você, que têm o desejo e a determinação de tornar a internet um lugar mais seguro para todos. Ao longo das páginas que seguem, você aprenderá como transformar essa paixão por segurança da informação em uma carreira gratificante e respeitada.

O Que Você Vai Aprender Neste Livro

Aqui, você encontrará um guia completo para todas as possibilidades de carreira para um hacker ético. Desde as primeiras etapas para ingressar na área até como escalar na carreira, vou mostrar tudo o que você precisa dominar para se tornar um profissional de segurança da informação de sucesso.

Discutiremos os principais caminhos profissionais, como o de pentester (testador de penetração) e analista de Red Team, explorando o dia a dia desses profissionais e os desafios que eles enfrentam. Também vamos falar sobre como se preparar para o mercado de trabalho, as certificações mais importantes e as tecnologias que você precisará dominar.

Além disso, vou compartilhar dicas práticas para você conquistar excelentes vagas e iniciar sua carreira com o pé direito. Vou te mostrar como a segurança da informação funciona na prática, com exemplos do cotidiano dos profissionais da área. Você entenderá como o trabalho de um hacker ético é fundamental para a proteção de sistemas e redes e como ele contribui diretamente para a segurança das informações mais valiosas do mundo.

A Importância da Sua Avaliação

Quero que você saiba que a sua opinião é muito importante para mim. Seja ela positiva ou negativa, cada comentário me ajuda a melhorar este livro. Avaliações positivas são uma fonte de motivação, enquanto críticas construtivas me desafiam a aprimorar o conteúdo e torná-lo ainda mais relevante para você e para futuros leitores.

Este livro é uma obra em constante evolução. As ameaças cibernéticas estão sempre mudando, assim como as técnicas e ferramentas utilizadas pelos hackers, tanto os éticos quanto os mal-intencionados. Por isso, pretendo atualizar este livro periodicamente, incorporando novas tendências, tecnologias e estratégias de defesa que surgem ao longo do tempo.

Embora este livro não se aprofunde em temas técnicos, pois já existem muitos recursos excelentes disponíveis na internet, ele oferece uma visão abrangente e prática da profissão hacker. Meu objetivo é fornecer a você as bases sólidas para começar ou melhorar sua carreira, mantendo o foco na ética e na responsabilidade.

Conecte-se Comigo

Para finalizar, quero te convidar a me seguir nas redes sociais. Basta procurar por "Igor Doin" e me adicionar. Será um prazer me conectar com você, compartilhar mais insights sobre segurança da informação e acompanhar o seu progresso na carreira.

Desejo a você uma excelente leitura e muito sucesso em sua jornada para se tornar um hacker ético. Boa leitura!

CAPÍTULO 1: INTRODUÇÃO À PROFISSÃO HACKER NA SEGURANÇA DA INFORMAÇÃO

A segurança da informação, no contexto atual, é uma das maiores prioridades para organizações, empresas e governos em todo o mundo. Com o aumento exponencial de dados armazenados digitalmente, a proteção desses dados contra ameaças virtuais tornou-se uma necessidade crítica. Vivemos em uma era onde a informação é um dos ativos mais valiosos, e sua proteção é fundamental para a continuidade dos negócios, a confiança dos clientes e a segurança nacional. Nesse cenário, a profissão de hacker na segurança da informação se destaca como uma das mais essenciais e valorizadas no mercado.

A Relevância do Hacker na Segurança da Informação

Os hackers especializados em segurança da informação,

conhecidos também como hackers éticos ou "white hats", são profissionais altamente capacitados que utilizam suas habilidades em tecnologia e conhecimentos profundos de sistemas para identificar e explorar vulnerabilidades em redes, sistemas e aplicativos. Diferentemente dos hackers mal-intencionados, os "black hats", que visam causar danos ou obter ganhos ilícitos, os hackers éticos têm o objetivo de proteger os sistemas, ajudando as organizações a reforçar suas defesas contra ameaças cibernéticas.

Na prática, o trabalho de um hacker ético geralmente começa quando uma empresa, preocupada com a segurança de suas informações, decide se antecipar a possíveis ataques cibernéticos. Para isso, contrata uma equipe de especialistas para simular ataques, também conhecidos como testes de penetração ou "pentests". O objetivo dessas simulações é descobrir e explorar o maior número possível de vulnerabilidades, sempre dentro dos limites éticos e legais. Durante o "teste de intrusão", os hackers éticos utilizam diversas ferramentas e técnicas para identificar pontos fracos na segurança dos sistemas da empresa.

Ao final de cada teste, os hackers éticos elaboram um relatório detalhado, conhecido como "relatório de vulnerabilidades". Este documento técnico contém uma análise minuciosa dos resultados dos testes, descrevendo as falhas de segurança encontradas, as ferramentas e metodologias utilizadas, e, mais importante, recomendações para a correção dessas falhas. Esse relatório é essencial para que as empresas compreendam suas vulnerabilidades e possam tomar medidas eficazes para mitigá-las.

O Mercado de Trabalho para Hackers Éticos

A crescente complexidade dos sistemas e a sofisticação dos ataques cibernéticos têm impulsionado a demanda por profissionais de segurança da informação. A carreira de hacker ético está em alta, com oportunidades surgindo em diversos setores, desde grandes corporações até startups em crescimento. Além de posições formais em empresas, muitos hackers éticos optam por trabalhar de forma autônoma, participando de programas de Bug Bounty, onde são recompensados por encontrar e reportar falhas em sistemas.

Esses programas de Bug Bounty são promovidos por empresas que desejam reforçar suas defesas cibernéticas. Ao invés de esperar que hackers mal-intencionados explorem suas vulnerabilidades, essas empresas incentivam hackers éticos a encontrá-las primeiro, oferecendo recompensas que podem variar de mil até dezenas de milhares de reais, dependendo da gravidade da falha encontrada. Alguns profissionais se especializam exclusivamente nessa área, alcançando rendimentos substanciais e, em alguns casos, até mesmo se tornando milionários.

Oportunidades e Desafios na Carreira

Com o aumento dos incidentes de segurança e vazamentos de dados, o mercado de trabalho para profissionais de segurança cibernética está cada vez mais aquecido. Empresas em todo o mundo estão se tornando mais conscientes da necessidade de proteger suas informações, e a segurança cibernética tornou-se uma prioridade estratégica. Esse cenário é confirmado por relatórios como o IDC Predictions 2023, que projeta que o Brasil gastará cerca de US$ 1,3 bilhão em soluções de segurança da informação até o final de 2023, representando um crescimento de 13% em relação ao ano anterior.

Esse aumento nos investimentos é impulsionado por vários fatores, incluindo a crescente conscientização sobre a importância da segurança cibernética e a implementação de regulamentações governamentais rigorosas. A Lei Geral de Proteção de Dados (LGPD), implementada no Brasil em 2019, é um exemplo claro dessa tendência. Inspirada na General Data Protection Regulation (GDPR) da União Europeia, a LGPD impõe novas obrigações às empresas para proteger os dados pessoais dos cidadãos e estabelece sanções significativas para aqueles que não cumprirem as normas.

Com o surgimento de novas tecnologias e o aumento dos ataques cibernéticos, os hackers éticos precisam estar em constante atualização para lidar com ameaças cada vez mais sofisticadas. Os desafios são grandes, mas as recompensas também são significativas. Além de salários competitivos, a carreira oferece a oportunidade de trabalhar em uma das áreas mais dinâmicas e emocionantes da tecnologia. Muitos profissionais de segurança da informação têm a flexibilidade de trabalhar remotamente, o que proporciona uma maior qualidade de vida e equilíbrio entre trabalho e vida pessoal.

Explorando a Profissão de Hacker Ético

Este livro foi escrito para servir como um guia completo para quem deseja ingressar na carreira de hacker ético ou para aqueles que já estão na área e querem aprimorar suas habilidades. Vamos explorar as diversas funções que um hacker na segurança da informação pode desempenhar, os requisitos para entrar nessa carreira e os benefícios de trabalhar nesse campo. Também forneceremos recursos úteis para ajudá-lo a dar seus primeiros passos na segurança cibernética.

A carreira de hacker na segurança da informação pode ser desafiadora, mas é também extremamente gratificante. Com a demanda crescente por profissionais qualificados, as oportunidades são vastas e variadas. Espero que este livro ajude você a entender melhor essa profissão e a tomar uma decisão informada sobre seu futuro nesse campo desafiador e excitante.

Perguntas e Respostas Essenciais

Para ajudar a esclarecer alguns pontos-chave sobre a profissão de hacker ético, preparei uma seção de perguntas e respostas curtas e diretas. Elas foram elaboradas para oferecer uma visão geral e rápida sobre questões comuns que surgem ao considerar essa carreira. Se precisar de mais detalhes, não se preocupe: entraremos em cada um desses tópicos ao longo do livro.

P: Por que trabalhar como hacker ético?

R: Ser um hacker ético é uma das profissões mais emocionantes do mundo. Muitas vezes, você sentirá a adrenalina que é retratada nos filmes, ao descobrir informações cruciais e explorar vulnerabilidades em sistemas. Além do desafio intelectual, a diversidade de situações e problemas a serem resolvidos faz com que o trabalho seja dinâmico e envolvente. O aspecto financeiro é significativo, mas a satisfação de resolver problemas complexos e contribuir para a segurança global é, para muitos, ainda mais gratificante.

P: É possível ficar rico sendo hacker ético?

R: O potencial de ganho na carreira de hacker ético é alto, mas é proporcional ao seu nível de dedicação e expertise. Salários acima de R$15.000,00 por mês não são incomuns, especialmente em posições que permitem trabalho remoto. Além disso, programas de Bug Bounty oferecem recompensas que podem variar de R $1.000 a R$50.000 por falha reportada. Existem casos de hackers que se tornaram milionários apenas participando desses programas, encontrando falhas em sistemas de grandes empresas.

P: Quanto tempo leva para começar do zero e ser contratado por uma empresa?

R: O tempo necessário para entrar no mercado de trabalho varia muito de pessoa para pessoa. Já vi casos de indivíduos que, em apenas dois anos de estudo intenso, conseguiram excelentes oportunidades, mesmo sem experiência anterior na área. O mercado de segurança cibernética é meritocrático, e seus ganhos serão proporcionais ao seu conhecimento e experiência.

P: Preciso de um supercomputador e equipamentos caros?

R: Definitivamente não. Um computador com 16GB de RAM certamente proporciona uma experiência mais fluida, mas não é essencial. Um notebook antigo pode ser transformado em uma máquina eficaz para hacking com a instalação de uma distribuição Linux leve, como o Linux Mint, ou até mesmo o Kali Linux, voltado para a segurança. Ferramentas simples podem fazer a diferença, e o importante é o conhecimento e a prática.

P: Posso começar apenas com meu celular?

R: Sim, é possível começar com um celular Android antigo. Com o aplicativo Termux, você pode instalar uma versão do Kali Linux (NetHunter) e começar a aprender e praticar. Embora seja uma solução limitada em comparação com um computador completo, é uma excelente maneira de começar, especialmente se você está apenas começando na área.

P: Preciso saber inglês para trabalhar na área?

R: Embora não seja absolutamente necessário, o inglês é uma habilidade altamente recomendada. A maioria dos recursos, ferramentas e comunidades na área de segurança cibernética estão em inglês, e o domínio desse idioma pode acelerar seu aprendizado e expandir suas oportunidades. Além disso, trabalhar com empresas internacionais pode aumentar significativamente seus ganhos.

P: Onde encontrar as melhores vagas?

R: No início, não se preocupe tanto com a busca por vagas. Foque em construir suas habilidades e conhecimentos. As oportunidades na área de segurança cibernética são abundantes, e bons profissionais são disputados pelas empresas. Minha plataforma preferida para busca de vagas é o LinkedIn. Uma pesquisa rápida por "vagas para pentester" pode lhe mostrar o potencial da área e servir de motivação para continuar seus estudos.

Essas perguntas e respostas devem ter proporcionado uma visão geral do que esperar na carreira de hacker ético. Vamos agora continuar com a leitura e explorar em detalhes os conceitos e práticas que serão essenciais para o seu sucesso nessa área.

CAPÍTULO 2: O QUE É UM PENTESTER?

No mundo da segurança da informação, o papel do "pentester" é essencial para a proteção de sistemas e dados contra ameaças cibernéticas. O termo "pentester" é uma abreviação de "Penetration Tester" (testador de penetração, em português), e refere-se ao profissional especializado em realizar testes de intrusão, ou *Pentest*, como é comumente chamado. Esses testes são projetados para identificar e explorar possíveis vulnerabilidades em redes, sistemas e aplicativos, com o objetivo de avaliar a eficácia das defesas de uma organização e sugerir melhorias antes que hackers mal-intencionados possam explorar essas brechas.

A Importância do Pentest para as Organizações

Contratar um pentester de confiança é uma prática cada vez mais comum e recomendada para as empresas. Em vez de esperar que criminosos cibernéticos descubram e explorem as vulnerabilidades, o pentester atua de maneira proativa, ajudando a corrigir essas brechas de segurança antes que se tornem um problema. O trabalho desse profissional é essencialmente uma simulação de ataque real, mas realizada de forma controlada e ética, visando fortalecer a segurança da organização sem expor a empresa a riscos desnecessários.

Os pentesters podem trabalhar tanto em empresas especializadas em segurança da informação quanto de forma autônoma, oferecendo seus serviços a diversas organizações. Contudo, é crucial que o pentester sempre seja previamente contratado e autorizado a realizar os testes, pois tentar invadir sistemas sem a devida permissão é ilegal e pode acarretar sérias consequências legais.

Habilidades e Conhecimentos Necessários

Para se tornar um pentester, é necessário adquirir uma vasta gama de conhecimentos técnicos. Isso inclui, mas não se limita a, uma compreensão aprofundada de tecnologias de rede, habilidades em programação, e proficiência em diferentes sistemas operacionais, como Linux e Windows. Algumas das principais áreas de conhecimento exigidas para o pentester incluem:

- **Testes de Penetração e Avaliação de Vulnerabilidades**: A capacidade de identificar, explorar e reportar vulnerabilidades em sistemas de forma eficaz.
- **Análise de Tráfego de Rede**: Entender e monitorar o tráfego de rede para identificar atividades suspeitas e pontos fracos.
- **Linguagens de Programação**: Familiaridade com linguagens como Python, C++, e outras, que são frequentemente utilizadas para desenvolver ferramentas de teste ou explorar vulnerabilidades.
- **Sistemas Operacionais**: Domínio de diferentes sistemas operacionais, especialmente Linux, que é amplamente utilizado em ambientes de segurança cibernética.
- **Ferramentas de Segurança Ofensiva**: Competência no uso de ferramentas especializadas em testes de intrusão, como Metasploit, Nmap, Burp Suite, entre outras.

O Mercado de Trabalho para Pentesters

A carreira de pentester é altamente recompensadora, não apenas em termos financeiros, mas também em termos de satisfação profissional. O salário médio para um pentester no Brasil é competitivo, girando em torno de R$10.000 por mês, podendo variar conforme a experiência, localização geográfica, e a complexidade dos projetos em que o profissional esteja envolvido. Além disso, existem muitas oportunidades para pentesters "junior" ou para estagiários, que podem iniciar suas carreiras com salários que superam os R$6.000 mensais, além de benefícios como plano de saúde, odontológico, e auxílio home office.

Trabalhar como pentester oferece uma experiência rica e diversificada. Cada projeto é único, exigindo do profissional não apenas habilidades técnicas, mas também criatividade e capacidade de adaptação. A oportunidade de trabalhar com diferentes sistemas, redes, e aplicativos garante que a rotina do pentester esteja sempre repleta de novos desafios e aprendizados.

Certificações e Capacitação Contínua

Manter-se atualizado é fundamental na carreira de pentester, dada a constante evolução das ameaças cibernéticas e das tecnologias de segurança. Existem diversas certificações renomadas que podem ajudar na capacitação e validação das habilidades necessárias para se destacar nesta carreira. Entre as certificações mais reconhecidas, destacam-se:

- **Certified Ethical Hacker (CEH)**: Focada nos princípios éticos e nas técnicas de hacking utilizadas por pentesters.
- **Offensive Security Certified Professional (OSCP)**: Uma certificação prática que exige que o candidato demonstre suas habilidades em um ambiente de teste real.
- **Solyd Certified Pentester (SYCP)**: Uma certificação mais voltada ao mercado brasileiro, com foco nas necessidades específicas das empresas locais.

Considerações Finais

Se você é apaixonado por tecnologia e deseja desempenhar um papel crucial na proteção das organizações contra ataques cibernéticos, a carreira de pentester pode ser uma das mais empolgantes e gratificantes. No entanto, esteja preparado para um caminho que exige estudo contínuo, dedicação e uma mente curiosa. A carreira de pentester não é apenas uma das mais interessantes na área de tecnologia atualmente, mas também uma das que mais oferece oportunidades para quem está disposto a se esforçar e se aprimorar constantemente.

Neste livro, iremos explorar ainda mais os diferentes aspectos dessa carreira, discutindo em detalhes as habilidades técnicas, os desafios diários e as estratégias para alcançar o sucesso como pentester. Continue a leitura e prepare-se para uma jornada fascinante no mundo da segurança da informação.

Exemplo Prático: Realizando um Teste de Intrusão

Para entender melhor como um pentester atua, vamos considerar um exemplo prático de um teste de intrusão realizado em uma empresa fictícia, a "TechCorp". A TechCorp é uma empresa de tecnologia que deseja garantir que seu novo sistema de gerenciamento de clientes esteja seguro contra ataques cibernéticos antes de ser lançado.

Etapa 1: Reconhecimento

O pentester começa o teste com a fase de reconhecimento, onde coleta o máximo de informações possíveis sobre a TechCorp e seu sistema. Isso pode incluir a análise de domínios, subdomínios, servidores, endereços IP, e até mesmo informações sobre os funcionários que podem estar disponíveis em redes sociais. Essa fase é essencial, pois permite ao pentester entender o ambiente que está sendo testado e identificar possíveis pontos de entrada.

Etapa 2: Enumeração e Varredura

Após o reconhecimento, o pentester realiza uma varredura detalhada no sistema usando ferramentas como Nmap e Nessus. Essas ferramentas permitem identificar portas abertas, serviços rodando, e possíveis vulnerabilidades. Por exemplo, o pentester pode descobrir que o servidor web da TechCorp está rodando uma versão desatualizada do Apache, conhecida por ter vulnerabilidades exploráveis.

Etapa 3: Exploração

Com as informações obtidas nas etapas anteriores, o pentester passa para a exploração das vulnerabilidades identificadas. Utilizando ferramentas como Metasploit, ele pode tentar explorar a vulnerabilidade no Apache para ganhar acesso não autorizado ao servidor. Se bem-sucedido, o pentester pode então escalar privilégios, ou seja, aumentar seu nível de acesso para ter controle total sobre o sistema.

Etapa 4: Pós-Exploração e Relatório

Depois de explorar com sucesso as vulnerabilidades, o pentester coleta provas de conceito, como capturas de tela e logs de atividades realizadas. Essas evidências são cruciais para demonstrar ao cliente que as vulnerabilidades são reais e que há necessidade de correção imediata. O pentester então elabora um relatório detalhado, descrevendo todas as descobertas, a metodologia utilizada, e as recomendações para mitigar os riscos identificados.

Esse exemplo prático mostra como um teste de intrusão é conduzido de maneira ética e controlada, com o objetivo de fortalecer a segurança da TechCorp antes que qualquer invasor real possa explorar essas mesmas vulnerabilidades.

Desafios Éticos na Carreira de Pentester

Embora o trabalho de um pentester seja vital para a segurança de organizações, ele também vem acompanhado de desafios éticos significativos. Esses desafios devem ser enfrentados com integridade e respeito às leis e normas da profissão, uma vez que as consequências de ações irresponsáveis podem ser graves tanto para o profissional quanto para a organização.

Consentimento e Autorização

Um dos principais princípios éticos para um pentester é a

necessidade de obter consentimento explícito e autorização formal antes de realizar qualquer teste. Invadir um sistema sem permissão não é apenas antiético, mas também ilegal. Mesmo que a intenção seja demonstrar uma vulnerabilidade, a falta de autorização pode resultar em processos judiciais e danos irreparáveis à reputação do profissional.

Confidencialidade

Durante um teste de intrusão, o pentester pode ter acesso a informações sensíveis e confidenciais. É fundamental que o profissional respeite a confidencialidade desses dados e não os compartilhe com terceiros sem a autorização expressa do cliente. A divulgação não autorizada de informações pode causar prejuízos financeiros e reputacionais à organização, além de comprometer a confiança no trabalho do pentester.

Objetividade e Transparência

O pentester deve sempre agir com objetividade e transparência, evitando conflitos de interesse. Por exemplo, é antiético para um pentester exagerar os riscos ou inventar vulnerabilidades para garantir trabalhos futuros ou aumentar a cobrança de serviços. A integridade e a confiança são fundamentais nesta profissão, e qualquer ação que as comprometa pode ter consequências sérias e de longo prazo.

Responsabilidade Profissional

Além disso, o pentester deve estar ciente de sua responsabilidade em fornecer relatórios precisos e acionáveis. As recomendações devem ser práticas, detalhadas e direcionadas à mitigação dos riscos identificados. O profissional deve evitar alarmismo, mas também não deve minimizar as ameaças, proporcionando ao cliente uma visão clara e honesta da situação.

Abordar esses desafios éticos com seriedade e responsabilidade não só protege a carreira do pentester, mas também contribui para a confiança e a credibilidade da profissão como um todo.

CAPÍTULO 3: O QUE É UM ANALISTA DE RED TEAM?

O analista de Red Team é um profissional altamente especializado na área de segurança da informação, focado em realizar simulações de ataques cibernéticos realistas para testar e fortalecer as defesas de uma organização. Diferente do papel do pentester, que geralmente foca em identificar vulnerabilidades específicas por meio de testes controlados, o analista de Red Team vai além, criando cenários de ataque abrangentes e sofisticados, que envolvem múltiplas fases e técnicas para explorar uma ampla gama de vulnerabilidades. O objetivo é replicar o comportamento de atores maliciosos do mundo real, como hackers e grupos de cibercriminosos, de forma a avaliar não apenas a robustez das defesas, mas também a capacidade de resposta da organização em caso de uma invasão real.

Diferença Entre Red Team e Pentest

Embora tanto o analista de Red Team quanto o pentester compartilhem algumas habilidades e conhecimentos em comum, como uma compreensão profunda de redes, sistemas operacionais e programação, há diferenças substanciais em suas abordagens e objetivos. O pentester geralmente é contratado para realizar testes específicos e pontuais, com um foco bem definido em identificar vulnerabilidades técnicas em um sistema, aplicação ou rede. O trabalho do pentester é, portanto, muitas vezes limitado em escopo e duração, visando encontrar e reportar vulnerabilidades para que possam ser corrigidas.

O analista de Red Team, por outro lado, adota uma abordagem mais holística e de longo prazo. Ele faz parte de uma equipe que simula ataques cibernéticos de ponta a ponta, incorporando técnicas avançadas de invasão, engenharia social, movimento lateral dentro da rede, persistência e exfiltração de dados. Além disso, o Red Team avalia a prontidão e a eficácia dos controles de segurança e das equipes de defesa (conhecidas como Blue Team) da organização, não apenas em termos de tecnologia, mas também de processos e pessoas.

A Estrutura e Dinâmica do Red Team

O trabalho de um Red Team envolve mais do que apenas identificar vulnerabilidades; ele foca em criar um cenário de ataque tão realista quanto possível. Isso pode incluir, por exemplo, a simulação de um ataque persistente avançado (APT), onde a equipe de Red Team infiltra-se na rede de uma organização e permanece lá por um período prolongado, tentando passar despercebida e alcançar objetivos específicos, como roubar dados sensíveis ou comprometer sistemas críticos.

Dentro de uma grande empresa, como um banco ou uma instituição governamental, o Red Team é frequentemente uma unidade interna, trabalhando em conjunto com outras equipes de segurança para testar e melhorar constantemente as defesas da organização. Isso significa que os membros do Red Team têm um conhecimento profundo das infraestruturas e dos sistemas da empresa, permitindo-lhes criar ataques personalizados e altamente eficazes.

Habilidades e Conhecimentos Necessários

Para ser um analista de Red Team, um profissional precisa ter uma ampla gama de habilidades técnicas e uma compreensão profunda de cibersegurança. Isso inclui, mas não se limita a:

- **Conhecimento em Redes e Infraestrutura:** Compreensão avançada de redes TCP/IP, firewalls, VPNs, e sistemas de detecção de intrusão (IDS/IPS).
- **Sistemas Operacionais:** Domínio de sistemas operacionais Windows, Linux e Unix, além de familiaridade com arquiteturas específicas, como Active Directory.
- **Programação e Scripting:** Habilidade em linguagens de programação e scripting, como Python, PowerShell, Bash, e C/C++, para automatizar tarefas e criar ferramentas personalizadas de ataque.
- **Engenharia Social:** Capacidade de realizar ataques de engenharia social, como phishing, para enganar os funcionários e obter acesso aos sistemas.
- **Metodologias e Ferramentas de Red Teaming:** Familiaridade com frameworks e ferramentas usadas no Red Teaming, como Cobalt Strike, Metasploit, e BloodHound.
- **Capacidade de Trabalho em Equipe:** O Red Teaming é uma atividade altamente colaborativa, onde a equipe deve trabalhar em conjunto para planejar, executar, e ajustar ataques complexos.

Exemplo Prático: Red Team em Ação

Considere o caso de uma grande instituição financeira que deseja testar a resiliência de suas defesas cibernéticas. O Red Team é incumbido de simular um ataque complexo, começando por um phishing altamente direcionado contra executivos da empresa, visando comprometer suas credenciais de acesso. Após obter as credenciais, o Red Team usa técnicas de movimento lateral para navegar pela rede interna, evadindo detecções e comprometendo sistemas críticos. O objetivo final pode ser obter acesso aos servidores que armazenam dados financeiros sensíveis ou manipular transações de alto valor.

Durante a simulação, o Red Team monitora cuidadosamente as respostas da equipe de segurança (Blue Team) da empresa. Eles avaliam a rapidez e a eficácia com que a equipe detecta e responde ao ataque, se os procedimentos de contenção são ativados corretamente, e se a comunicação interna é eficiente. Ao final, o Red Team entrega um relatório detalhado, destacando não apenas as falhas técnicas, mas também as lacunas nos processos e na prontidão da equipe.

Desafios e Oportunidades na Carreira de Red Team

A carreira de analista de Red Team é dinâmica e cheia de desafios, com cada projeto trazendo novos cenários e exigindo inovação constante. Além dos desafios técnicos, os analistas de Red Team enfrentam questões éticas e operacionais complexas, como garantir que as simulações não interrompam operações críticas da empresa e que todas as atividades sejam conduzidas dentro dos limites legais e contratuais.

Em termos de oportunidades, a demanda por profissionais de Red Team está em crescimento, especialmente à medida que mais empresas reconhecem a necessidade de testar suas defesas de maneira proativa. Os salários para analistas de Red

Team são comparáveis aos de pentesters, e as perspectivas de carreira são promissoras, com possibilidades de avançar para cargos de liderança em segurança cibernética ou especializar-se em áreas como Red Teaming ofensivo em ambientes altamente regulamentados.

Conclusão

Tanto a profissão de pentester quanto a de analista de Red Team são cruciais para a cibersegurança moderna, mas cada uma oferece uma abordagem e um foco diferentes. Enquanto o pentester trabalha de forma mais reativa e orientada a projetos específicos, o analista de Red Team opera de maneira mais contínua e estratégica, buscando fortalecer a segurança de uma organização de forma abrangente. Ambas as carreiras são emocionantes e desafiadoras, oferecendo grandes oportunidades para aqueles que estão dispostos a se manterem atualizados com as últimas técnicas e tecnologias na guerra cibernética.

A escolha entre essas duas carreiras dependerá dos interesses e das aspirações de cada profissional, mas qualquer que seja o caminho escolhido, o impacto na segurança cibernética de organizações ao redor do mundo será significativo e altamente valorizado.

CAPÍTULO 4: AS DIFERENÇAS ENTRE O PENTEST E RED TEAMING

Embora os termos "pentest" e "red teaming" sejam frequentemente usados de forma intercambiável no campo da segurança cibernética, eles representam abordagens distintas com objetivos, escopos e métodos diferentes. Compreender essas diferenças é fundamental para qualquer organização que deseja fortalecer suas defesas contra ameaças cibernéticas.

pentest: Foco em Vulnerabilidades Específicas

O pentest, ou teste de penetração, é uma atividade direcionada e concentrada em identificar e explorar vulnerabilidades em sistemas, redes ou aplicativos específicos. O objetivo principal do pentest é descobrir falhas de segurança que possam ser usadas por atacantes para comprometer a integridade, confidencialidade ou disponibilidade dos ativos de uma organização.

Pentesters operam dentro de um escopo definido, geralmente limitado a certos sistemas ou áreas, e têm um período de tempo predeterminado para concluir suas avaliações. A abordagem do pentest é muitas vezes pontual e episódica, focando em vulnerabilidades técnicas conhecidas e na eficácia das medidas de segurança implementadas.

Pentesters utilizam uma combinação de ferramentas automatizadas e técnicas manuais para realizar suas avaliações. Ferramentas de escaneamento, como Nessus ou OpenVAS, são frequentemente usadas para identificar vulnerabilidades conhecidas, enquanto técnicas manuais, como ataques de injeção de SQL ou fuzzing, são empregadas para explorar essas vulnerabilidades em um ambiente controlado.

Red Teaming: Simulação de Ameaças Abrangente

Por outro lado, o red teaming é uma abordagem mais holística e estratégica, que vai além da simples identificação de vulnerabilidades. O red teaming visa simular cenários de ataque realistas e sofisticados para testar a capacidade de defesa da organização como um todo. Isso inclui não apenas as defesas tecnológicas, mas também os processos, políticas e a eficácia da equipe de segurança em responder a ataques cibernéticos.

Enquanto o pentest é mais limitado e focado, o red teaming é contínuo e abrangente. Os profissionais de Red Teaming trabalham em equipes multidisciplinares que podem incluir especialistas em diferentes áreas da segurança da informação, como hackers éticos, engenheiros de segurança, analistas de inteligência cibernética e especialistas em engenharia social.

O Red Teaming envolve a criação de cenários de ataque que replicam as táticas, técnicas e procedimentos (TTPs) usados por agentes de ameaça do mundo real, como grupos de hackers patrocinados por estados-nação ou criminosos cibernéticos organizados. Esses cenários podem incluir ataques persistentes avançados (APT), comprometimento de contas privilegiadas, movimentação lateral dentro da rede, exfiltração de dados e engenharia social avançada.

Diferenças Principais nas Abordagens

- **Escopo e Objetivo**: O pentest é mais específico e limitado em escopo, focado na identificação de vulnerabilidades em sistemas individuais ou aplicações. O Red Teaming, por outro lado, é abrangente, com o objetivo de testar a resiliência da organização inteira contra uma gama variada de ameaças simuladas.
- **Duração e Frequência**: O pentest é geralmente realizado em intervalos específicos ou como parte de um ciclo de auditoria de segurança. Em contraste, o red teaming é uma atividade contínua, que visa manter a organização em um estado constante de prontidão, através da execução periódica de cenários de ataque realistas.
- **Métodos e Técnicas**: Enquanto o pentest pode se concentrar em vulnerabilidades técnicas e usar ferramentas automatizadas para escaneamento, o red teaming envolve métodos mais sofisticados e manuais que mimetizam comportamentos de atacantes reais, incluindo o uso de técnicas avançadas de evasão, engenharia social e exploração de falhas humanas e processuais.

Avaliação da Capacidade de Resposta

Outra distinção crucial entre pentest e red teaming é a ênfase na avaliação da capacidade de resposta. No pentest, o objetivo é encontrar e relatar vulnerabilidades, deixando para a organização a responsabilidade de corrigir essas falhas. Já no red teaming, um componente crítico é testar não apenas as defesas tecnológicas, mas também a capacidade da equipe de segurança de detectar, responder e se recuperar de um ataque.

Por exemplo, em um cenário de red teaming, os profissionais podem tentar penetrar nas defesas da organização sem disparar alarmes de segurança, testando a eficácia dos sistemas de detecção e resposta a incidentes (SIEM). Eles também podem avaliar a prontidão da equipe em seguir os procedimentos de resposta a incidentes, a velocidade com que a equipe identifica o ataque, a qualidade da comunicação interna durante o incidente e a eficácia das ações de contenção e recuperação.

Requisitos de Habilidades e Experiência

Tanto o pentest quanto o red teaming exigem um profundo conhecimento de cibersegurança, mas o red teaming geralmente requer um nível mais elevado de experiência e uma compreensão mais ampla de táticas e estratégias de ataque.

- **pentest**: Requer habilidades técnicas em escaneamento de vulnerabilidades, exploração de falhas, engenharia reversa e análise de código. O pentester deve ser proficiente em ferramentas e técnicas específicas, como ataques de injeção, exploração de vulnerabilidades web, e técnicas de pós-exploração.

- **Red Teaming**: Além das habilidades técnicas, o analista de Red Team precisa de uma forte compreensão das táticas de ataque avançadas, conhecimento em engenharia social, e a capacidade de pensar como um atacante sofisticado. Habilidades em planejamento estratégico, colaboração em equipe, e uma abordagem criativa para simular cenários de ataque realistas são essenciais.

Quando Optar por Cada Abordagem?

A escolha entre pentest e red teaming depende das necessidades e objetivos específicos da organização. O pentest é ideal para identificar vulnerabilidades técnicas em sistemas específicos, especialmente quando se deseja uma avaliação rápida e focada. Empresas menores, com recursos limitados, podem preferir começar com pentest para obter uma visão clara das falhas mais óbvias em seus sistemas.

O red teaming, por outro lado, é mais adequado para organizações grandes ou críticas, que precisam de uma avaliação abrangente e contínua de suas defesas contra uma ampla gama de ameaças cibernéticas. Empresas que já têm um nível avançado de maturidade em cibersegurança podem usar o red teaming para testar a eficácia de suas defesas em cenários de ataque do mundo real e para melhorar a coordenação e resposta de suas equipes de segurança.

Conclusão

Embora o pentest e o red teaming compartilhem o objetivo comum de melhorar a segurança de uma organização, eles o fazem de maneiras fundamentalmente diferentes. O pentest é focado, pontual e orientado para a descoberta de vulnerabilidades técnicas, enquanto o red teaming é abrangente, contínuo e orientado para a avaliação da capacidade de resposta e resiliência da organização como um todo.

Ambas as abordagens são essenciais para uma estratégia robusta de cibersegurança, e a escolha entre elas deve ser feita com base nas necessidades específicas de segurança, no nível de maturidade em cibersegurança e nos recursos disponíveis da organização. Em muitos casos, uma combinação de pentest regular e red teaming contínuo pode fornecer uma defesa cibernética mais robusta e eficaz, garantindo que a organização esteja preparada para enfrentar tanto as vulnerabilidades técnicas quanto as ameaças cibernéticas mais sofisticadas.

CAPÍTULO 5: HABILIDADES NECESSÁRIAS PARA SER UM PENTESTER OU ANALISTA DE RED TEAM

A carreira de pentester ou analista de Red Team é uma das mais desafiadoras e recompensadoras no campo da segurança da informação. Para se destacar nessas funções, é necessário desenvolver um conjunto diversificado de habilidades técnicas e interpessoais. A seguir, exploraremos as habilidades e conhecimentos mais importantes que esses profissionais precisam dominar para ter sucesso.

1. Conhecimento Avançado de Tecnologia

No centro das atividades de um pentester ou analista de Red Team está o conhecimento profundo de tecnologia. Isso inclui:

- **Sistemas Operacionais**: Um entendimento avançado de sistemas operacionais, como Windows, Linux e macOS, é essencial. Esses profissionais devem ser capazes de navegar, configurar e explorar esses sistemas com fluência.

- **Redes e Protocolos de Rede**: Compreender como as redes funcionam é fundamental. Isso envolve o conhecimento de protocolos como TCP/IP, DNS, HTTP, HTTPS, além de redes locais (LAN), redes amplas (WAN), e o funcionamento da internet em geral.
- **Tecnologias de Segurança**: Familiaridade com firewalls, sistemas de detecção e prevenção de intrusões (IDS/IPS), VPNs, e outros componentes de segurança é crucial para identificar e explorar possíveis fraquezas.
- **Linguagens de Programação**: Habilidades em programação são valiosas. Linguagens como Python, Bash, PowerShell, C/C++, JavaScript, e SQL são frequentemente utilizadas para escrever scripts personalizados, automatizar tarefas, e realizar explorações manuais de vulnerabilidades.

2. Pensamento Criativo e Habilidades de Resolução de Problemas

Tanto o pentest quanto o red teaming exigem uma abordagem criativa e uma capacidade aguçada de resolver problemas:

- **Pensamento "Fora da Caixa"**: Os profissionais precisam ser inovadores ao criar métodos para explorar vulnerabilidades. Nem todas as respostas são óbvias ou disponíveis em manuais; muitas vezes, será necessário desenvolver técnicas próprias para superar desafios de segurança.
- **Adaptação e Flexibilidade**: Cenários de segurança cibernética podem mudar rapidamente. Ser capaz de se adaptar a novas situações e pensar criticamente sobre a melhor forma de abordar e resolver um problema é uma habilidade inestimável.
- **Soluções Criativas**: Cada problema de segurança pode

ter várias soluções possíveis. Ser capaz de identificar e implementar a solução mais eficaz requer criatividade e uma compreensão profunda das tecnologias envolvidas.

3. Conhecimento em Ferramentas de Segurança

O domínio de ferramentas de segurança é uma competência central:

- **Ferramentas de Digitalização**: Ferramentas como Nmap, Nessus, e OpenVAS são utilizadas para mapear redes e identificar vulnerabilidades em sistemas.
- **Testes de Penetração e Hacking**: Conhecimento em ferramentas como Metasploit, Burp Suite, Wireshark, e ferramentas pré-instaladas no Kali Linux é essencial para realizar ataques simulados e explorar vulnerabilidades.
- **Monitoramento e Análise de Segurança**: Ferramentas como Splunk, ELK Stack, e Zeek (antigo Bro) são usadas para monitorar tráfego de rede e detectar atividades suspeitas, permitindo uma análise detalhada de eventos de segurança.

4. Compreensão de Vulnerabilidades Comuns

Ter uma compreensão sólida das vulnerabilidades mais comuns é uma exigência básica:

- **Injeção SQL**: Compreender como as injeções SQL funcionam e como elas podem ser exploradas para obter acesso a bancos de dados é essencial.
- **Cross-Site Scripting (XSS)**: Identificar e explorar XSS para executar scripts maliciosos em páginas web.
- **Falhas de Autenticação**: Conhecer as vulnerabilidades

em processos de autenticação, como senhas fracas ou mal implementadas, é crucial para comprometer sistemas.

- **Pesquisa Contínua**: A cibersegurança é um campo dinâmico. Manter-se atualizado com as últimas vulnerabilidades, estudando regularmente novas falhas e exploits, é vital para permanecer eficaz como um pentester ou analista de Red Team.

5. Conhecimento em Técnicas de Hacking

Dominar as técnicas de hacking é fundamental para simular ataques reais:

- **Engenharia Social**: Utilizar técnicas de engenharia social para manipular indivíduos e obter informações confidenciais ou acesso a sistemas.
- **Testes de Invasão Avançados**: Realizar ataques avançados, como exfiltração de dados, escalonamento de privilégios, e ataques persistentes.
- **Malware e Sniffing**: Compreender como criar, detectar, e proteger contra malware, assim como interceptar e analisar comunicações de rede (sniffing) para encontrar informações sensíveis.
- **Compreensão do Funcionamento dos Sistemas**: Para explorar vulnerabilidades, é essencial primeiro entender como os sistemas funcionam. Por exemplo, para realizar um ataque de "Man in the Middle" (MitM), é necessário ter um conhecimento profundo de como a internet e as comunicações entre computadores operam.

6. Habilidades de Comunicação

As habilidades de comunicação são tão importantes quanto as habilidades técnicas:

- **Explicação Clara de Vulnerabilidades**: Ser capaz de explicar claramente as vulnerabilidades identificadas e como corrigi-las é fundamental, especialmente quando se comunica com partes interessadas não técnicas, como executivos ou advogados.
- **Colaboração com Equipes de Segurança**: Trabalhar em equipe e colaborar com outros profissionais de segurança é essencial para implementar soluções eficazes e melhorar continuamente a postura de segurança da organização.
- **Elaboração de Relatórios**: Criar relatórios detalhados e compreensíveis, que descrevem as descobertas, os impactos potenciais, e as recomendações para mitigação, é uma parte crítica do trabalho. Esses relatórios precisam ser acessíveis tanto para técnicos quanto para gestores que podem não ter um conhecimento profundo em segurança da informação.

Conclusão

Ser um pentester ou analista de Red Team requer uma combinação de habilidades técnicas avançadas, pensamento criativo e habilidades interpessoais. Além de uma sólida base em tecnologia e cibersegurança, esses profissionais precisam ser curiosos, persistentes, e apaixonados por resolver problemas complexos. Se você tem um fascínio por tecnologia e uma disposição para enfrentar desafios difíceis, essa pode ser a carreira ideal para você. No entanto, esteja preparado para um caminho de aprendizado contínuo e uma rotina que exige dedicação constante para se manter atualizado com as últimas ameaças e técnicas de segurança.

CAPÍTULO 6: CERTIFICAÇÕES E TREINAMENTOS NECESSÁRIOS PARA SE TORNAR UM HACKER PROFISSIONAL

Ingressar na carreira de segurança da informação é uma jornada desafiadora e recompensadora. Para se destacar como um profissional qualificado e alcançar sucesso nessa área, é essencial investir em certificações e treinamentos. Estes não apenas fortalecem seu currículo, mas também aprimoram suas habilidades e ampliam suas oportunidades no mercado de trabalho. Entretanto, é importante ressaltar que o progresso na carreira deve ser gradual e planejado, respeitando seu ritmo de aprendizado e desenvolvimento. A seguir, exploraremos algumas das certificações e treinamentos mais relevantes para profissionais de segurança da informação, tanto no Brasil quanto internacionalmente.

1. CompTIA Security+: O Início da Jornada

A **CompTIA Security+** é frequentemente vista como o primeiro passo para quem deseja ingressar na segurança da informação. Esta certificação cobre os fundamentos da segurança de TI, abordando tópicos como:

- **Ameaças e Vulnerabilidades**: Entendimento das diversas ameaças cibernéticas e como identificá-las.
- **Criptografia**: Conhecimento básico de criptografia e sua aplicação na proteção de dados.
- **Gerenciamento de Riscos**: Práticas para identificar, avaliar e mitigar riscos de segurança.

A **CompTIA Security+** é uma certificação reconhecida globalmente, ideal para quem está começando e deseja construir uma base sólida de conhecimento em segurança da informação.

2. Solyd Certified Pentester (SYCP): Foco no Mercado Brasileiro

A **Solyd Certified Pentester (SYCP)** é uma certificação que vem ganhando destaque no Brasil. Oferecida pela Solyd, uma empresa nacional, essa certificação é projetada para preparar profissionais para o mercado brasileiro de segurança da informação. Ela cobre:

- **Testes de Penetração**: Técnicas para identificar e explorar vulnerabilidades em sistemas.
- **Introdução ao Hacking Ético**: Fundamentos sobre como conduzir testes de segurança de forma ética e responsável.

A Solyd também oferece um curso introdutório gratuito que é altamente recomendado para iniciantes. Esse curso pode ser um excelente ponto de partida para aqueles que estão começando na área e desejam se destacar no mercado brasileiro.

3. Certified Ethical Hacker (CEH): Especialização em Hacking Ético

A **Certified Ethical Hacker (CEH)**, oferecida pelo EC-Council, é uma das certificações mais reconhecidas para profissionais que desejam se especializar em hacking ético. Ela abrange:

- **Técnicas de Hacking**: Aprendizado sobre como hackers mal-intencionados operam, mas com o objetivo de proteger sistemas.
- **Ferramentas de Segurança**: Uso de ferramentas como Metasploit, Nmap, e Burp Suite para identificar vulnerabilidades.
- **Aspectos Legais e Éticos**: Entendimento das leis e regulamentos que regem a prática de hacking ético.

A **CEH** é uma excelente certificação para quem deseja aprofundar seus conhecimentos em testes de penetração e se preparar para cargos mais avançados em segurança da informação.

4. Offensive Security Certified Professional (OSCP): O Desafio Definitivo

A **Offensive Security Certified Professional (OSCP)** é uma das certificações mais desafiadoras e valorizadas no campo da segurança da informação. Oferecida pela Offensive Security, empresa responsável pelo Kali Linux, a **OSCP** exige que os candidatos passem por um exame prático onde devem demonstrar suas habilidades em tempo real. Os principais tópicos incluem:

- **Testes de Penetração Avançados**: Realização de ataques sofisticados em ambientes controlados.
- **Exploits e Vulnerabilidades**: Criação e utilização de exploits

personalizados para comprometer sistemas.

- **Documentação e Relatórios**: Elaboração de relatórios detalhados sobre as vulnerabilidades encontradas e as técnicas utilizadas para explorá-las.

A **OSCP** é altamente valorizada no mercado, não apenas pelo seu nível de dificuldade, mas também pelo seu foco em habilidades práticas. Profissionais que obtêm essa certificação são amplamente reconhecidos como especialistas em testes de penetração.

5. Certified Information Systems Security Professional (CISSP): Segurança da Informação em Amplo Escopo

A **Certified Information Systems Security Professional (CISSP)**, oferecida pela (ISC)², é uma certificação abrangente que cobre diversos aspectos da segurança da informação. Ela é ideal para profissionais que desejam avançar para cargos de liderança ou consultoria. Os tópicos abordados incluem:

- **Segurança de Rede e Aplicativos**: Proteção de redes, sistemas e aplicativos contra ameaças.
- **Gerenciamento de Riscos e Conformidade**: Implementação de práticas de gestão de riscos e conformidade com regulamentos.
- **Segurança Física**: Medidas de proteção física para infraestruturas críticas.

A **CISSP** é reconhecida globalmente e é frequentemente exigida para cargos de alto nível em segurança da informação.

6. Certified Information Security Manager (CISM): Gerenciamento em Segurança da Informação

A **Certified Information Security Manager (CISM)**, oferecida pela ISACA, é voltada para profissionais que desejam se especializar em gerenciamento de segurança da informação. Esta certificação foca em:

- **Liderança em Segurança da Informação**: Desenvolvimento de políticas e estratégias de segurança em uma organização.
- **Gerenciamento de Riscos**: Identificação, avaliação e mitigação de riscos de segurança.
- **Estratégia e Governança**: Implementação de estruturas de governança para garantir que as práticas de segurança estejam alinhadas com os objetivos de negócios.

A **CISM** é ideal para aqueles que buscam cargos de gestão, onde a estratégia e a liderança em segurança da informação são fundamentais.

7. Treinamentos Complementares para Desenvolvimento de Habilidades Específicas

Além das certificações, existem vários treinamentos que podem ser essenciais para o desenvolvimento de habilidades específicas em segurança da informação:

- **Testes de Penetração e Hacking Ético**: Cursos que ensinam técnicas avançadas de testes de segurança e avaliação de vulnerabilidades.
- **Análise de Malware e Segurança de Aplicativos**: Treinamentos focados em identificar, analisar e mitigar ameaças de malware e proteger aplicativos.
- **Segurança de Rede e Infraestrutura**: Cursos que abordam

como proteger redes e sistemas contra ameaças externas e internas.

Esses treinamentos são cruciais para se manter atualizado com as últimas técnicas e ferramentas em segurança da informação, garantindo que suas habilidades permaneçam relevantes.

Conclusão

Certificações e treinamentos não são obrigatórios para se tornar um profissional de segurança da informação, mas eles desempenham um papel vital na demonstração de suas habilidades e conhecimentos para empregadores potenciais. Profissionais certificados têm mais chances de se destacar no mercado e de receber ofertas de emprego mais atraentes. Além disso, a segurança da informação é um campo em constante evolução, e manter-se atualizado é essencial. Participar regularmente de cursos de atualização e treinamentos contínuos é fundamental para garantir que suas habilidades estejam sempre afiadas.

Por fim, a escolha da área de especialização pode ser desafiadora, especialmente para iniciantes. No entanto, focar inicialmente em pentest de aplicações web pode ser uma excelente estratégia. A demanda por segurança em aplicações web está crescendo rapidamente, e essa área oferece um ponto de entrada acessível e cheio de oportunidades para quem está começando. Lembre-se: a segurança da informação é uma jornada, e o importante é continuar subindo os degraus com paciência e perseverança.

CAPÍTULO 7: OPORTUNIDADES EM PROGRAMAS DE BUG BOUNTY

Os programas de Bug Bounty são uma das formas mais empolgantes e gratificantes de iniciar uma carreira em segurança da informação. Esses programas, promovidos por empresas de todos os setores, incentivam hackers éticos e pesquisadores de segurança a identificar e relatar vulnerabilidades em sistemas, aplicativos e sites. A principal motivação das empresas ao oferecer esses programas é melhorar a segurança de seus produtos, recompensando aqueles que ajudam a identificar falhas antes que elas possam ser exploradas por agentes mal-intencionados.

1. O Que São Programas de Bug Bounty?

Um programa de Bug Bounty é uma iniciativa onde empresas oferecem recompensas monetárias para hackers que descobrem e relatam vulnerabilidades em seus sistemas. Esses programas podem ser públicos, onde qualquer pessoa pode participar, ou privados, onde apenas um grupo seleto de pesquisadores é convidado. As recompensas variam amplamente, dependendo da gravidade da vulnerabilidade encontrada, da complexidade do sistema e do orçamento da empresa. Por exemplo:

- **Vulnerabilidades Menores**: Podem render recompensas entre $100 e $2.000.
- **Vulnerabilidades Críticas**: As recompensas podem ultrapassar $100.000, chegando até $1 milhão em casos extremamente graves.

A variedade de setores que oferecem programas de Bug Bounty é ampla, indo desde startups de tecnologia até gigantes globais como Google, Facebook e Apple. Isso oferece uma grande gama de oportunidades para quem deseja se aventurar nesse campo.

2. Histórias de Sucesso e o Impacto no Mercado de Trabalho

A participação em programas de Bug Bounty não apenas oferece a chance de ganhar dinheiro, mas também pode abrir portas significativas no mercado de trabalho. Muitos hackers que começaram sua carreira identificando vulnerabilidades nesses programas acabaram sendo contratados pelas próprias empresas que ajudaram a proteger.

Um exemplo notável é o de **Jack Cable**, que aos 17 anos descobriu uma vulnerabilidade crítica no sistema do Airbnb, recebendo uma recompensa de $5.000. Esse feito não apenas lhe rendeu uma quantia considerável para um adolescente, mas também alavancou sua carreira. Hoje, ele é um dos principais pesquisadores de segurança e trabalha como engenheiro de segurança no Facebook.

Essas histórias de sucesso são mais comuns do que se imagina. Muitos hackers éticos que participam de programas de Bug Bounty acabam ganhando notoriedade no campo da segurança da informação, sendo frequentemente convidados para participar de programas privados ou até mesmo para ocupar cargos permanentes em empresas de tecnologia.

3. Como Participar de Programas de Bug Bounty

Participar de um programa de Bug Bounty exige um sólido conhecimento em segurança da informação, especialmente em áreas como testes de penetração e análise de vulnerabilidades. Existem várias plataformas que gerenciam esses programas, facilitando o acesso a oportunidades e a submissão de relatórios. As duas mais populares são:

- **HackerOne** (www.hackerone.com): Uma das principais plataformas de Bug Bounty, conectando hackers éticos a programas de recompensa de empresas ao redor do mundo.
- **Bugcrowd** (www.bugcrowd.com): Outra grande plataforma que oferece uma variedade de programas de Bug Bounty, incluindo oportunidades tanto públicas quanto privadas.

O processo de participação geralmente segue os seguintes passos:

1. **Inscrição na Plataforma**: Crie um perfil em uma plataforma como HackerOne ou Bugcrowd.
2. **Escolha do Programa**: Selecione um programa de Bug Bounty que esteja dentro da sua área de expertise.
3. **Pesquisa e Análise**: Utilize seus conhecimentos e ferramentas para identificar vulnerabilidades no sistema alvo.
4. **Submissão do Relatório**: Após encontrar uma vulnerabilidade, você deve elaborar um relatório detalhado e enviá-lo através da plataforma.
5. **Avaliação e Recompensa**: A empresa revisa o relatório e, se a vulnerabilidade for confirmada, você receberá a recompensa estipulada.

4. Vantagens e Desafios dos Programas de Bug Bounty

Vantagens:

- **Flexibilidade**: Você pode trabalhar em programas de Bug Bounty no seu próprio ritmo, tornando-se uma excelente opção para quem busca uma fonte de renda adicional ou deseja ganhar experiência prática.
- **Crescimento Pessoal e Profissional**: A prática contínua em encontrar e relatar vulnerabilidades melhora significativamente suas habilidades em segurança da informação.
- **Oportunidades de Carreira**: Muitos participantes de programas de Bug Bounty acabam sendo reconhecidos por suas habilidades, levando a ofertas de emprego ou a convites para participar de programas privados mais lucrativos.

Desafios:

- **Alta Competitividade**: Com o aumento da popularidade dos programas de Bug Bounty, a competição também cresceu, tornando mais difícil encontrar vulnerabilidades inéditas.
- **Incerteza Financeira**: Não há garantias de que você encontrará uma vulnerabilidade significativa ou que sua descoberta será recompensada da forma esperada.
- **Exigência de Conhecimento Avançado**: Para se destacar, é necessário um profundo entendimento técnico e a capacidade de aplicar esse conhecimento em situações práticas.

5. Ferramentas Essenciais para Bug Bounty Hunters

Para ser bem-sucedido em programas de Bug Bounty, é fundamental utilizar as ferramentas certas. Algumas das mais populares incluem:

- **OWASP ZAP**: Uma ferramenta gratuita que ajuda a identificar vulnerabilidades em aplicações web.
- **Burp Suite**: Uma das ferramentas mais utilizadas para realizar testes de penetração em aplicações web, especialmente pela sua interface intuitiva e funcionalidades avançadas.
- **Nessus**: Um scanner de vulnerabilidades amplamente utilizado para identificar falhas em sistemas e redes.
- **Nexpose**: Ferramenta de gestão de vulnerabilidades que oferece insights detalhados sobre a segurança da rede.

Embora não aprofundemos o uso dessas ferramentas neste livro, é altamente recomendável que você explore tutoriais e conteúdos disponíveis online. Dedicar tempo ao aprendizado dessas ferramentas é essencial para aumentar suas chances de sucesso nos programas de Bug Bounty.

Conclusão

Os programas de Bug Bounty oferecem uma oportunidade única para aqueles que desejam ingressar ou avançar na carreira de segurança da informação. Eles permitem que você ganhe experiência prática, contribua para a segurança global e, ao mesmo tempo, seja recompensado financeiramente. Não há barreiras significativas para começar, exceto o seu próprio conhecimento e dedicação.

A participação nesses programas pode ser o primeiro passo de uma longa e bem-sucedida carreira em segurança da informação, onde seu talento e esforço são recompensados diretamente. Lembre-se de que o conhecimento e a experiência são os verdadeiros diferenciais nesse campo, e a idade, formação acadêmica ou outros fatores não são impeditivos. Se você tem paixão pela segurança da informação, o caminho para o sucesso nos programas de Bug Bounty está ao seu alcance.

CAPÍTULO 8: O SALÁRIO MÉDIO E OS BENEFÍCIOS DE UM PENTESTER

A profissão de pentester (tester de penetração) tem se destacado como uma das mais promissoras e bem remuneradas dentro do campo da segurança da informação. Esse capítulo explora os diferentes níveis salariais e os benefícios que acompanham essa carreira, além de analisar as oportunidades globais e as vantagens de trabalhar como freelancer.

1. Salário Médio de um Pentester no Brasil

O salário de um pentester no Brasil pode variar significativamente com base em fatores como a experiência, as certificações obtidas, e a localização. Em geral, o mercado brasileiro está ávido por profissionais qualificados, o que faz com que as empresas ofereçam salários atrativos para atrair talentos.

- **Pentesters Iniciantes**: Um profissional recém-formado ou sem muita experiência pode esperar um salário inicial entre R$4.000 e R$6.000 por mês. Esse valor pode parecer modesto em comparação com os padrões internacionais, mas é competitivo dentro do mercado brasileiro de TI.

- **Pentesters Experientes**: Profissionais com vários anos de experiência e certificações reconhecidas, como CEH (Certified Ethical Hacker) ou OSCP (Offensive Security Certified Professional), podem alcançar salários que variam de R$10.000 a R$15.000 por mês. Em casos excepcionais, pentesters altamente qualificados e com vasto portfólio de projetos bem-sucedidos podem negociar salários acima de R$20.000 mensais.

A demanda por pentesters no Brasil é alta, e há uma carência de profissionais com as habilidades necessárias para ocupar essas posições. Isso cria um ambiente onde os profissionais de segurança da informação, especialmente pentesters, podem escolher entre várias oportunidades, muitas vezes sendo abordados por recrutadores sem sequer estar ativamente procurando um novo emprego.

2. Salário de um Pentester no Exterior

O mercado global oferece ainda mais possibilidades para pentesters que buscam salários elevados e oportunidades de carreira em empresas multinacionais. Trabalhar para empresas estrangeiras, seja remotamente ou em um novo país, pode ser extremamente lucrativo, principalmente em moedas mais fortes, como o dólar americano ou a libra esterlina.

- **Estados Unidos**: Nos EUA, um pentester iniciante pode ganhar entre US$60.000 e US$80.000 por ano. Para profissionais com maior experiência e certificações avançadas, os salários podem ultrapassar US$150.000 por ano. Convertido para o real, esse montante pode chegar a aproximadamente R$750.000 por ano, tornando-se uma das carreiras mais lucrativas para brasileiros que buscam trabalhar no exterior.

- **Europa**: O mercado europeu também é atrativo. No Reino Unido, por exemplo, pentesters iniciantes ganham entre £30.000 e £40.000 por ano, enquanto profissionais experientes podem alcançar mais de £100.000 anuais. Outros países europeus, como Alemanha e Países Baixos, oferecem faixas salariais semelhantes, dependendo do custo de vida e da demanda por profissionais de segurança cibernética.

Trabalhar em países estrangeiros ou para empresas internacionais não só proporciona salários mais altos, mas também a oportunidade de vivenciar culturas diferentes e expandir horizontes profissionais. O mercado internacional está cada vez mais aberto a contratar talentos globais, especialmente com o aumento das práticas de trabalho remoto.

3. Trabalhar como Freelancer ou Consultor Independente

Outra via extremamente lucrativa para pentesters é o trabalho como freelancer ou consultor independente. Essa modalidade permite maior flexibilidade em termos de horários e localização, além de possibilitar a negociação direta de valores com clientes.

- **Taxa Horária**: Como freelancer, é possível cobrar uma taxa horária que pode variar de R$200 a R$500 por hora, dependendo da complexidade do trabalho e da experiência do profissional. Em projetos mais específicos e de maior escala, como a análise de segurança para uma grande empresa, essas taxas podem ser ainda mais elevadas.
- **Taxa por Projeto**: Outra abordagem comum é cobrar por projeto, o que pode ser especialmente lucrativo para pentesters experientes. Projetos complexos que demandam

semanas ou meses de trabalho podem resultar em pagamentos que variam de R$20.000 a R$100.000 ou mais, dependendo do escopo e da urgência.

A escolha de trabalhar como freelancer ou consultor também oferece a vantagem de selecionar projetos de interesse pessoal, permitindo que o profissional se concentre em áreas específicas da segurança da informação que mais lhe agradam. Além disso, freelancers têm a liberdade de trabalhar para múltiplos clientes simultaneamente, aumentando suas fontes de renda.

4. Benefícios Adicionais Além do Salário

Embora o salário seja um fator importante, muitos pentesters dão prioridade a outros benefícios ao escolher uma posição, especialmente aqueles que valorizam a flexibilidade e a qualidade de vida. Entre os benefícios mais atraentes estão:

- **Horário Flexível:** A possibilidade de definir seu próprio horário de trabalho é um grande atrativo. Isso permite que os profissionais organizem seu tempo de acordo com suas necessidades pessoais e familiares.
- **Trabalho Remoto:** Trabalhar de qualquer lugar do mundo é uma realidade para muitos pentesters. Empresas que oferecem essa flexibilidade geralmente têm uma vantagem na atração e retenção de talentos.
- **Oportunidades de Crescimento:** Muitas empresas investem no desenvolvimento contínuo de seus profissionais, oferecendo cursos, certificações e a oportunidade de participar de conferências e eventos de segurança cibernética.
- **Ambiente de Trabalho Desafiador:** Pentesters geralmente preferem trabalhar em ambientes onde são constantemente desafiados a resolver problemas complexos, algo que muitas

empresas de segurança cibernética oferecem.

- **Bônus de Performance**: Algumas empresas oferecem bônus baseados em performance, que podem aumentar significativamente o rendimento anual de um pentester.

Conclusão

A carreira de pentester é uma das mais recompensadoras e dinâmicas dentro da segurança da informação. Com um mercado em expansão, tanto no Brasil quanto no exterior, e uma demanda crescente por profissionais qualificados, os salários tendem a aumentar, acompanhados de benefícios cada vez mais atraentes. Seja trabalhando em empresas locais, para organizações internacionais ou como freelancer, as possibilidades de crescimento e remuneração são vastas.

O mais importante para alcançar o sucesso nessa carreira é o contínuo desenvolvimento de habilidades e o compromisso com a excelência. A busca por conhecimento e a obtenção de certificações reconhecidas são fundamentais para se destacar em um campo altamente competitivo, mas repleto de oportunidades. Portanto, não subestime o poder do aprendizado contínuo – ele não só abrirá portas para melhores oportunidades, como também garantirá uma carreira longa e próspera na área de segurança cibernética.

CAPÍTULO 9: A ROTINA DE TRABALHO DE UM PENTESTER OU ANALISTA DE RED TEAM

A rotina de um pentester ou analista de Red Team é repleta de desafios e atividades variadas, o que torna a carreira emocionante e dinâmica. Esses profissionais estão na linha de frente da segurança cibernética, constantemente testando, avaliando e protegendo sistemas contra ameaças potenciais. Embora as tarefas possam variar dependendo do projeto ou da empresa, existem atividades comuns que formam a espinha dorsal da rotina diária desses especialistas.

1. Testes de Segurança e Exploração de Vulnerabilidades

A principal função de um pentester ou analista de Red Team é testar a segurança de sistemas, redes, e aplicativos. Isso envolve a identificação e exploração de vulnerabilidades utilizando uma variedade de ferramentas e técnicas. Os profissionais empregam métodos tanto manuais quanto automatizados para simular ataques reais, na tentativa de comprometer a segurança dos sistemas sob teste.

- **Ferramentas de Hacking**: O uso de ferramentas especializadas é fundamental nessa etapa. Ferramentas como Burp Suite, OWASP ZAP, Nessus, e Nmap são comuns no dia a dia desses profissionais. No entanto, cada pentester desenvolve uma preferência pessoal por certas ferramentas, adaptando-as ao seu estilo de trabalho e às especificidades do projeto em questão. A flexibilidade no uso dessas ferramentas e a capacidade de escolher as mais adequadas para cada situação são habilidades essenciais.
- **Exploitation**: Além de encontrar vulnerabilidades, o pentester deve avaliar a possibilidade de exploração dessas falhas. Isso envolve técnicas avançadas para conseguir acesso não autorizado, elevar privilégios ou manter acesso persistente ao sistema, sempre respeitando os limites legais e éticos do trabalho.

2. Documentação e Relatórios

Após a execução dos testes, a próxima etapa crítica é a documentação dos resultados. Os pentesters e analistas de Red Team dedicam uma parte significativa do seu tempo à redação de relatórios detalhados que descrevem as vulnerabilidades encontradas, o impacto potencial, e as recomendações para mitigação.

- **Relatórios Técnicos**: Os relatórios precisam ser altamente detalhados e tecnicamente precisos, incluindo descrições das vulnerabilidades, provas de conceito (PoCs), e passos reproduzíveis que os desenvolvedores podem seguir para corrigir os problemas. A clareza na comunicação é vital para garantir que os resultados dos testes sejam compreendidos e aplicados corretamente.

- **Relatórios Executivos**: Além dos relatórios técnicos, muitas vezes é necessário criar resumos executivos para gerentes e diretores. Esses relatórios devem traduzir as descobertas técnicas em termos de risco empresarial, ajudando os tomadores de decisão a entender a importância das vulnerabilidades e a priorizar ações de mitigação.

3. Pesquisa e Atualização Contínua

O campo da segurança cibernética é extremamente dinâmico, com novas vulnerabilidades, técnicas de ataque e ferramentas surgindo regularmente. Portanto, um pentester ou analista de Red Team deve estar sempre atualizado com as últimas novidades na área.

- **Estudo e Pesquisa**: Uma parte importante da rotina envolve o estudo contínuo. Seja através de leituras de blogs especializados, participação em conferências, ou cursos de atualização, o aprendizado constante é indispensável. Além disso, muitos profissionais dedicam tempo a projetos pessoais de pesquisa, desenvolvendo novas técnicas de ataque ou descobrindo novas vulnerabilidades em sistemas populares.
- **Partilha de Conhecimento**: Outra prática comum é a contribuição para a comunidade de segurança cibernética. Muitos pentesters compartilham suas descobertas através de blogs, conferências, ou publicações em plataformas como GitHub, contribuindo para o avanço coletivo do conhecimento na área.

4. Colaboração com Outras Equipes de Segurança

Embora a análise e exploração de vulnerabilidades possam parecer tarefas solitárias, a colaboração com outras equipes de segurança é essencial para o sucesso de um projeto.

- **Trabalho em Equipe**: Pentesters e analistas de Red Team frequentemente trabalham em conjunto com equipes de defesa, como o Blue Team, para testar as defesas da empresa e melhorar as estratégias de mitigação. Essa colaboração garante que as vulnerabilidades identificadas sejam compreendidas e tratadas de maneira eficaz.

- **Gestão de Incidentes**: Em casos de ataques reais ou suspeitos, a colaboração com a equipe de resposta a incidentes é crítica. Os pentesters podem ser chamados a investigar os incidentes, determinar a extensão do comprometimento e ajudar a mitigar o impacto.

5. Resposta a Emergências e Trabalho sob Pressão

A segurança cibernética é uma área em que emergências são inevitáveis. Um pentester ou analista de Red Team deve estar preparado para lidar com situações de alta pressão e responder rapidamente a incidentes de segurança.

- **Projetos de Última Hora**: É comum que os pentesters sejam chamados para projetos urgentes, muitas vezes quando uma vulnerabilidade grave é descoberta ou quando há suspeita de um ataque iminente. Nessas situações, a capacidade de agir com rapidez e eficiência é fundamental.

- **Ambiente de Alta Pressão**: O trabalho sob pressão é uma constante. Seja por causa de prazos apertados, seja pela criticidade dos sistemas sob teste, esses profissionais precisam ser resilientes e manter a calma em situações estressantes. Em alguns casos, o trabalho pode se assemelhar a cenas de filmes de ação, onde o pentester deve agir rapidamente para evitar ou mitigar um ataque cibernético em andamento.

Conclusão

A rotina de um pentester ou analista de Red Team é, sem dúvida, desafiadora e diversificada. Desde a exploração de vulnerabilidades até a redação de relatórios e a resposta a incidentes, esses profissionais desempenham um papel crucial na proteção dos ativos digitais de uma organização. A combinação de habilidades técnicas avançadas, capacidade de aprendizado contínuo, e colaboração eficaz faz com que a carreira seja não apenas uma das mais emocionantes, mas também uma das mais importantes no campo da segurança da informação.

Se você está considerando seguir essa carreira, prepare-se para uma rotina que, embora intensa, oferece oportunidades infinitas de crescimento e aprendizado. A cada dia, novos desafios surgem, garantindo que a monotonia nunca faça parte do vocabulário de um pentester ou analista de Red Team.

CAPÍTULO 10: DESAFIOS E BENEFÍCIOS DA CARREIRA EM SEGURANÇA DA INFORMAÇÃO

A carreira em segurança da informação é uma jornada cheia de complexidades, mas também de grandes recompensas. Profissionais dessa área, como pentesters e analistas de Red Team, vivem um cotidiano repleto de desafios técnicos e responsabilidades, mas são igualmente compensados com benefícios significativos. Neste capítulo, vamos explorar os principais desafios e benefícios que definem essa profissão.

Desafios da Carreira em Segurança da Informação

1. Pressão Constante

- **Alta Pressão e Exigências**: Profissionais de segurança da informação, especialmente aqueles que lidam com a proteção de sistemas críticos, enfrentam constante pressão. A expectativa de que estejam sempre um passo à frente dos cibercriminosos cria um ambiente de trabalho intenso. Em projetos cruciais para a segurança nacional ou de grandes empresas, a margem de erro é mínima, e os prazos são apertados. Essa pressão pode ser um fator estressante para alguns, mas para outros, é um combustível que motiva a entregar o melhor de si.

- **Trabalho Sob Pressão como Estímulo**: Para aqueles que prosperam em ambientes de alta pressão, esse desafio se transforma em uma oportunidade de se destacar. A adrenalina de enfrentar situações críticas e a satisfação de superar obstáculos complexos fazem parte do que torna a carreira em segurança cibernética empolgante. Sentir-se no centro das ações, onde cada decisão conta, pode ser extremamente recompensador para quem gosta de desafios.

2. Necessidade de Conhecimento Técnico Avançado

- **Evolução Constante da Tecnologia**: A tecnologia avança rapidamente, e com ela, surgem novas vulnerabilidades e ameaças. Para se manterem relevantes, os profissionais de segurança da informação precisam estar em constante aprendizado. Manter-se atualizado com as últimas ferramentas, técnicas e práticas de hacking exige dedicação e disciplina.

- **Dedicação ao Estudo e Aprendizado Contínuo**: Embora o ritmo acelerado das inovações possa ser desafiador, muitos profissionais encontram prazer em aprender e superar problemas técnicos. Resolver um bug ou descobrir uma nova vulnerabilidade pode ser extremamente satisfatório, mesmo que o conhecimento adquirido não seja imediatamente aplicado. Para esses profissionais, o processo de aprendizado é tão gratificante quanto o resultado final.

3. Responsabilidade Elevada

- **Impacto das Decisões**: A segurança da informação é uma área onde os erros podem ter consequências graves. Um único deslize pode levar a violações de dados, perdas financeiras significativas, danos à reputação e até mesmo implicações legais. A responsabilidade que recai sobre esses profissionais é enorme, exigindo um alto grau de cuidado e precisão em todas as suas ações.

- **Responsabilidade como Motor de Crescimento**: A responsabilidade, no entanto, também traz consigo poder. Quando um profissional assume essa responsabilidade com seriedade, ele ganha a confiança da organização e a capacidade de influenciar decisões estratégicas. Essa influência é um reconhecimento do valor e da importância do trabalho realizado, sendo uma motivação para continuar crescendo na carreira. A famosa frase "com grandes poderes vêm grandes responsabilidades" é invertida aqui: com grandes responsabilidades, os profissionais ganham o poder de fazer a diferença.

Benefícios da Carreira em Segurança da Informação

1. Alta Demanda no Mercado

- **Crescimento das Oportunidades**: A demanda por profissionais de segurança da informação continua a crescer à medida que as ameaças cibernéticas se tornam mais sofisticadas e frequentes. Empresas de todos os setores estão em busca de especialistas que possam proteger seus ativos digitais, tornando essa uma das áreas mais promissoras do mercado de trabalho. Encontrar boas oportunidades de emprego não é um desafio; na verdade, é comum que os recrutadores procurem ativamente profissionais qualificados, muitas vezes oferecendo pacotes atrativos para atraí-los.
- **Estabilidade e Segurança no Emprego**: Essa alta demanda também se traduz em estabilidade de emprego. Profissionais de segurança cibernética dificilmente ficam sem trabalho por muito tempo, e a segurança de carreira é um dos maiores atrativos dessa profissão.

2. Remuneração Atraente

- **Salários Acima da Média**: A segurança da informação é uma das áreas mais bem remuneradas dentro do setor de tecnologia.

Como discutido anteriormente, um pentester experiente pode ganhar salários substancialmente acima da média, tanto no Brasil quanto no exterior. Com a crescente globalização do trabalho remoto, muitos profissionais brasileiros conseguem trabalhar para empresas estrangeiras, recebendo salários em moedas mais valorizadas como o dólar ou a libra esterlina, o que pode multiplicar seu poder de compra.

- **Possibilidades de Crescimento Financeiro**: Além dos salários altos, há também oportunidades para bônus, participação nos lucros e outras formas de remuneração variável. Os profissionais que demonstram excelência técnica e a capacidade de liderar projetos críticos podem ver seu rendimento aumentar rapidamente ao longo da carreira.

3. Desafios Intelectuais e Crescimento Pessoal

- **Ambiente de Constante Evolução**: A natureza em constante mudança da segurança cibernética garante que os profissionais nunca caiam na rotina. Cada dia traz novos desafios, exigindo criatividade e inovação para encontrar soluções eficazes. Esse dinamismo intelectual é um dos principais benefícios da carreira, mantendo os profissionais engajados e motivados.

- **Estímulo ao Crescimento Pessoal e Profissional**: Resolver problemas complexos e enfrentar novas ameaças continuamente desenvolve a resiliência, a capacidade de pensar criticamente e a criatividade. Esses são atributos que, além de serem altamente valorizados no mercado, contribuem para o crescimento pessoal e o senso de realização dos profissionais.

Conclusão

A carreira em segurança da informação, especialmente em áreas especializadas como pentest e Red Team, é repleta de desafios, mas também oferece benefícios substanciais. Desde a pressão constante e a necessidade de atualização contínua até as responsabilidades elevadas, os desafios são grandes. No entanto, a alta demanda por profissionais, a remuneração atrativa e os constantes desafios intelectuais fazem dessa carreira uma das mais recompensadoras no campo da tecnologia. Para aqueles que estão dispostos a enfrentar esses desafios com determinação e entusiasmo, a segurança da informação oferece não apenas uma carreira, mas uma jornada de crescimento contínuo e realização profissional.

CAPÍTULO 11: FERRAMENTAS UTILIZADAS NA PROFISSÃO DE SEGURANÇA DA INFORMAÇÃO

Na carreira de segurança da informação, especialmente para pentesters e analistas de Red Team, o conhecimento profundo das ferramentas certas é essencial para realizar testes de segurança eficazes. Essas ferramentas são desenvolvidas para identificar, explorar e mitigar vulnerabilidades em sistemas e redes. Neste capítulo, exploraremos algumas das ferramentas mais comuns e amplamente utilizadas por profissionais dessa área.

1. Nmap

O **Nmap (Network Mapper)** é uma ferramenta essencial e amplamente utilizada para varredura de redes. Sua principal função é identificar hosts ativos em uma rede e mapear suas portas abertas, ajudando a determinar os serviços que estão sendo executados e o sistema operacional subjacente. A capacidade de realizar varreduras detalhadas e personalizadas torna o Nmap uma ferramenta indispensável no arsenal de qualquer profissional de segurança da informação. Além disso, é altamente configurável e pode ser utilizado para a detecção de vulnerabilidades e avaliação de segurança inicial.

2. Metasploit

O **Metasploit Framework** é uma plataforma robusta e extensível para testes de penetração. Ele permite que os profissionais criem e testem exploits personalizados contra alvos específicos. Uma das maiores vantagens do Metasploit é sua capacidade de automatizar ataques, o que facilita a exploração de vulnerabilidades conhecidas em sistemas e aplicativos. A comunidade ativa em torno do Metasploit contribui regularmente com novos módulos, o que garante que a ferramenta esteja sempre atualizada com as últimas técnicas de exploração.

3. Burp Suite

Burp Suite é uma ferramenta avançada para testes de segurança em aplicações web. Ele oferece uma ampla gama de recursos, incluindo interceptação de tráfego HTTP/S, análise de respostas e solicitações, testes automatizados e manuais de vulnerabilidades como SQL Injection e Cross-Site Scripting (XSS). A Burp Suite é particularmente apreciada pela sua interface intuitiva e pelas possibilidades de personalização, que permitem aos profissionais ajustar os testes de acordo com as necessidades específicas do alvo.

4. Wireshark

Wireshark é uma ferramenta poderosa para captura e análise de pacotes de rede em tempo real. Ele permite que os profissionais vejam os detalhes do tráfego de rede em um nível granular, ajudando a identificar anomalias, ataques e outros problemas de segurança. A habilidade de decodificar diferentes protocolos e a vasta quantidade de filtros disponíveis fazem do Wireshark uma escolha preferida para a análise detalhada de redes e a solução de problemas complexos.

5. Sqlmap

Sqlmap é uma ferramenta especializada em detectar e explorar vulnerabilidades de injeção SQL em aplicativos web. Ele automatiza o processo de análise de parâmetros de entrada e a tentativa de explorar falhas de segurança. O Sqlmap não só detecta vulnerabilidades, mas também pode extrair dados do banco de dados comprometido, modificar dados, e até mesmo interagir com o sistema operacional subjacente. Sua automação e abrangência fazem dele uma escolha popular entre os pentesters que lidam com segurança de aplicativos web.

6. Aircrack-ng

Aircrack-ng é uma suíte de ferramentas para a avaliação de segurança de redes Wi-Fi. Com ela, os profissionais podem capturar tráfego de rede, descriptografar senhas, e realizar testes de segurança em redes sem fio. O Aircrack-ng suporta uma variedade de ataques, incluindo a força bruta e o ataque de dicionário para recuperar chaves WEP e WPA. A ferramenta é fundamental para aqueles que desejam testar a robustez da segurança de redes sem fio.

7. Hydra

Hydra é uma ferramenta de ataque de força bruta extremamente versátil, usada para testar a segurança de sistemas de autenticação. Ela suporta uma ampla variedade de protocolos, incluindo FTP, SSH, HTTP, e muitos outros. Hydra pode realizar ataques de dicionário e de força bruta para quebrar senhas e testar a robustez das implementações de segurança. Sua eficiência em lidar com múltiplos alvos simultaneamente faz dela uma escolha popular para auditorias de segurança em larga escala.

8. Dirb e Dirbuster

Dirb e **Dirbuster** são ferramentas utilizadas para a enumeração e força bruta de diretórios e arquivos ocultos em servidores web. Elas ajudam a descobrir recursos mal configurados ou expostos que podem conter informações sensíveis ou falhas de segurança. Esses programas são especialmente úteis em avaliações de segurança de aplicações web, onde a identificação de diretórios ou arquivos não documentados pode revelar pontos fracos importantes.

9. John the Ripper

John the Ripper é um software de quebra de senhas conhecido por sua eficiência e flexibilidade. Ele permite a realização de ataques de dicionário, força bruta e outras técnicas para testar a força das senhas. Sua capacidade de trabalhar com diferentes formatos de hash e a possibilidade de personalizar os ataques tornam o John the Ripper uma ferramenta essencial para a avaliação da segurança de senhas em sistemas.

Considerações Finais

Essas ferramentas são apenas uma amostra do vasto conjunto disponível para profissionais de segurança da informação. Cada uma delas desempenha um papel específico no processo de teste de segurança, e o domínio dessas ferramentas é crucial para quem deseja se destacar na área.

É importante lembrar que o uso dessas ferramentas deve ser feito com ética e legalidade. Testes de segurança devem sempre ser conduzidos com o consentimento explícito dos proprietários dos sistemas ou aplicações em questão. Além disso, é fundamental reconhecer que dominar essas ferramentas requer tempo e esforço considerável.

Dica Pessoal

Para aqueles que estão começando ou que desejam aprofundar seus conhecimentos, minha recomendação é simples: **escolha uma ferramenta e mergulhe fundo nela**. Focar em uma ferramenta de cada vez e aprender todas as suas funcionalidades permitirá que você adquira uma compreensão mais profunda e aplicável. Com o tempo, você se verá dominando várias ferramentas e será capaz de escolher a melhor para cada situação específica.

E não hesite em investir em sua educação. Embora existam muitos recursos gratuitos disponíveis, investir em cursos pagos pode aumentar seu comprometimento e acelerar seu aprendizado. Afinal, **investir em si mesmo é o melhor investimento que você pode fazer**. Lembre-se de que a jornada para se tornar um especialista em segurança da informação é contínua, e o aprendizado nunca para.

CAPÍTULO 12: TENDÊNCIAS FUTURAS NA PROFISSÃO DE SEGURANÇA DA INFORMAÇÃO

O campo da segurança da informação está em constante evolução, impulsionado pela crescente digitalização global e pela dependência cada vez maior da tecnologia em todos os setores. Nos próximos anos, essa profissão continuará a expandir-se, com uma demanda crescente por profissionais capacitados que possam enfrentar os novos desafios que surgem nesse cenário dinâmico. Neste capítulo, vamos explorar algumas das tendências mais significativas que moldarão o futuro da segurança da informação e discutir como essas tendências afetarão a profissão.

1. Automação e Inteligência Artificial

Uma das tendências mais marcantes na segurança da informação é a **automação** crescente dos processos de segurança, impulsionada pelo uso de **inteligência artificial (IA)** e **aprendizado de máquina (ML)**. Essas tecnologias estão sendo cada vez mais integradas às soluções de segurança para melhorar a detecção de ameaças, responder a incidentes em tempo real e automatizar tarefas repetitivas, liberando os profissionais para se concentrarem em desafios mais complexos.

A IA e o ML têm o potencial de identificar padrões de comportamento suspeitos, analisar grandes volumes de dados de log e prever possíveis ataques antes que eles ocorram. Ferramentas automatizadas também podem responder rapidamente a ameaças, mitigando danos e reduzindo o tempo de resposta, o que é crucial em um ambiente onde segundos podem fazer a diferença entre a contenção e uma violação bem-sucedida.

O Duplo Fio da IA e do ML na Segurança da Informação

A IA e o ML estão revolucionando a maneira como as organizações abordam a segurança da informação. Essas tecnologias permitem a automação de tarefas, a análise de grandes volumes de dados e a detecção de padrões que seriam impossíveis de identificar manualmente.

Benefícios:

- **Detecção Avançada de Ameaças:** A IA e o ML podem analisar o comportamento de usuários e sistemas em tempo real, identificando anomalias e atividades suspeitas que podem indicar um ataque cibernético. Isso permite uma resposta mais rápida e eficaz a incidentes de segurança.
- **Análise Preditiva:** Com base em dados históricos e padrões de comportamento, a IA pode prever possíveis ataques, permitindo que as organizações se antecipem e fortaleçam suas defesas antes que as ameaças se concretizem.
- **Automação de Tarefas:** A IA pode automatizar tarefas repetitivas e demoradas, como a triagem de alertas de segurança e a análise de logs, liberando os profissionais para se concentrarem em atividades mais estratégicas e complexas.
- **Resposta a Incidentes Aprimorada:** A IA pode auxiliar na

resposta a incidentes, identificando a origem e o escopo de um ataque, isolando sistemas comprometidos e auxiliando na recuperação de dados.

Desafios e Riscos:

- **Armas Cibernéticas Aprimoradas:** Assim como a IA pode ser usada para fortalecer a segurança, ela também pode ser explorada por cibercriminosos para criar ataques mais sofisticados e difíceis de detectar. A IA pode ser usada para automatizar a criação de malware, realizar ataques de phishing direcionados e até mesmo desenvolver exploits personalizados.
- **Vulnerabilidades em Sistemas de IA:** Os próprios sistemas de IA podem conter vulnerabilidades que podem ser exploradas por atacantes. É fundamental garantir a segurança desses sistemas e implementar medidas de proteção robustas.
- **Viés e Discriminação:** Algoritmos de IA podem ser influenciados por vieses presentes nos dados de treinamento, levando a resultados discriminatórios ou injustos. É crucial garantir que os sistemas de IA sejam desenvolvidos e utilizados de forma ética e responsável.

A Ética como Pilar da Segurança da Informação

Com o aumento do poder das ferramentas e tecnologias, a ética na segurança da informação se torna ainda mais crucial. Profissionais da área têm acesso a informações sensíveis e confidenciais, e suas ações podem ter um impacto significativo na vida das pessoas e das organizações.

2. Adoção de Tecnologias Emergentes

À medida que tecnologias emergentes continuam a se desenvolver, elas trazem novos desafios e oportunidades para a segurança da informação. A **computação em nuvem**, a **Internet das Coisas (IoT)** e o **blockchain** estão na vanguarda dessas inovações.

- **Computação em Nuvem**: A adoção crescente de serviços em nuvem tem aumentado a necessidade de proteção robusta contra ameaças cibernéticas. Garantir a segurança dos dados armazenados na nuvem, além de assegurar a conformidade com regulamentações como a Lei Geral de Proteção de Dados (LGPD) no Brasil, é uma preocupação central para as organizações.
- **Internet das Coisas (IoT)**: Com bilhões de dispositivos conectados à internet, a segurança da IoT é uma área crítica que continuará a crescer. Dispositivos IoT mal protegidos podem se tornar alvos fáceis para ataques, colocando em risco não apenas dados pessoais, mas também sistemas críticos de infraestrutura.
- **Blockchain**: Embora o blockchain seja frequentemente visto como uma tecnologia segura, ele não é imune a ataques. A segurança das redes blockchain, especialmente em aplicações como criptomoedas e contratos inteligentes, é uma área que requer atenção contínua.

3. Crescente Demanda por Profissionais Especializados

Com o aumento do número e da sofisticação dos ataques cibernéticos, a demanda por profissionais especializados em segurança da informação está em constante ascensão. **Pentesters**, **analistas de Red Team** e especialistas em **cibersegurança** são cada vez mais procurados pelas empresas para ajudar a identificar vulnerabilidades e implementar medidas de segurança eficazes.

No Brasil, essa demanda é acentuada pela preocupação com a conformidade com a **LGPD** e pela necessidade de proteger a confiança do consumidor e dos parceiros comerciais. Empresas que falham em proteger dados confidenciais enfrentam não apenas multas significativas, mas também danos irreparáveis à sua reputação. Isso aumenta a necessidade de profissionais competentes, tanto na segurança ofensiva quanto na defensiva (Blue Team), para garantir que as empresas estejam preparadas para enfrentar ameaças cibernéticas de todos os tipos.

4. Aumento da Remuneração e Oportunidades Globais

Com a crescente demanda, os salários para profissionais de segurança da informação têm aumentado consistentemente, tanto no Brasil quanto em outros países. Além disso, as oportunidades de trabalho remoto e em tempo integral para empresas estrangeiras aumentam ainda mais o potencial de ganhos para profissionais qualificados.

A possibilidade de trabalhar para empresas internacionais, que frequentemente pagam em moedas mais valorizadas, como dólares ou libras esterlinas, permite que profissionais brasileiros aumentem significativamente sua remuneração. Essa globalização do mercado de trabalho significa que os profissionais de segurança da informação têm a oportunidade de se posicionar como líderes em um setor globalizado e em crescimento.

5. Evolução Contínua da Segurança da Informação

Por fim, a segurança da informação é uma carreira que exige

adaptação constante. À medida que as tecnologias e as ameaças evoluem, os profissionais precisam se manter atualizados com as últimas tendências, ferramentas e técnicas. A **aprendizagem contínua** é essencial para manter a relevância e a eficácia na área.

O ambiente de ameaças cibernéticas está em constante mutação, e os profissionais de segurança da informação devem estar prontos para enfrentar novos tipos de ataques, como aqueles que exploram vulnerabilidades em **inteligência artificial** ou **tecnologias quânticas**. A capacidade de inovar e de se adaptar a essas mudanças será um diferencial importante para os profissionais do futuro.

Conclusão

A segurança da informação é uma profissão em expansão, com desafios e oportunidades únicos em um mundo cada vez mais digital. À medida que a digitalização continua a se expandir em todo o mundo, a proteção de dados e sistemas digitais torna-se cada vez mais crítica. As tendências futuras, como a automação, a adoção de tecnologias emergentes e o aumento da demanda por profissionais especializados, indicam que a segurança da informação continuará a ser uma área vital e de alta relevância.

Os profissionais que investem em sua formação contínua e que acompanham essas tendências estarão bem posicionados para aproveitar as inúmeras oportunidades que surgirão nos próximos anos. A segurança da informação não é apenas uma carreira; é uma missão vital para a proteção das empresas, das pessoas e da sociedade em geral em um mundo cada vez mais interconectado.

CAPÍTULO 13: COMO INICIAR NA CARREIRA DE SEGURANÇA DA INFORMAÇÃO

Se você chegou até aqui e está interessado em seguir uma carreira na segurança da informação, já deu um passo importante para o seu futuro. Este campo é vasto, dinâmico e em constante evolução, o que significa que as oportunidades são abundantes para quem está disposto a aprender e se dedicar. Neste capítulo, apresentarei um guia prático para você iniciar sua jornada na segurança da informação, com dicas essenciais e recursos valiosos para começar com o pé direito.

1. Construindo a Base: Conhecimento em Informática

Antes de se aventurar diretamente no campo da segurança da informação, é crucial ter uma base sólida em informática. Isso inclui conhecimentos em:

- **Sistemas Operacionais:** Compreender como funcionam sistemas operacionais como Windows, Linux e macOS é fundamental. Cada um possui suas particularidades e vulnerabilidades que podem ser exploradas ou protegidas.

- **Redes de Computadores:** Entender os conceitos básicos de redes, como protocolos, roteamento, firewalls e modelos de rede, é essencial. A segurança de rede é uma área crítica e saber como as informações trafegam é o primeiro passo para protegê-las.

- **Linguagens de Programação:** O conhecimento de programação não é apenas um diferencial, mas uma necessidade. Linguagens como Python, C e Shell Script são amplamente utilizadas em segurança da informação. Python, em particular, é uma excelente porta de entrada por ser fácil de aprender e extremamente útil em automação de tarefas e exploração de vulnerabilidades.

Cultive o hábito de entender como as tecnologias funcionam em vez de apenas memorizar informações. Questione como um site ou aplicativo é desenvolvido e opere na prática, testando e experimentando diferentes sistemas e ferramentas.

Outros aspectos importantes para construir uma base sólida em informática incluem:

- **Hardware:** Conhecer os componentes básicos de um computador e como eles interagem é essencial para entender o funcionamento do sistema como um todo e identificar possíveis pontos de vulnerabilidade.

- **Banco de Dados:** Familiarizar-se com sistemas de gerenciamento de banco de dados (SGBDs) como MySQL, PostgreSQL e Oracle é crucial, pois eles armazenam informações valiosas que precisam ser protegidas.

- **Segurança da Informação:** Ter uma compreensão básica dos princípios de segurança da informação, como criptografia, autenticação e controle de acesso, é fundamental para entender os desafios e as melhores práticas na proteção de dados.

- **Pensamento Lógico e Resolução de Problemas:** Desenvolver habilidades de pensamento lógico e resolução de problemas é essencial para diagnosticar e solucionar problemas técnicos, bem como para identificar e explorar vulnerabilidades de segurança.

2. Domínio do Linux: A Base Essencial para a Segurança da Informação

O sistema operacional Linux é a espinha dorsal do mundo da segurança da informação. Sua flexibilidade, poder e código aberto o tornam a plataforma preferida para a maioria das ferramentas e técnicas utilizadas por profissionais da área. Dominar o Linux não é apenas recomendado, mas praticamente **obrigatório** para quem almeja uma carreira de sucesso em segurança cibernética.

Por que o Linux é tão importante?

- **Código Aberto:** O Linux é um sistema operacional de código aberto, o que significa que seu código-fonte está disponível para qualquer pessoa analisar, modificar e distribuir. Essa transparência permite que profissionais de segurança entendam profundamente o funcionamento do sistema, identifiquem vulnerabilidades e desenvolvam suas próprias ferramentas e soluções.
- **Flexibilidade e Controle:** O Linux oferece um nível de controle e personalização incomparável, permitindo que os usuários ajustem o sistema de acordo com suas necessidades específicas. Essa flexibilidade é crucial para a realização de testes de segurança e a configuração de ambientes de laboratório personalizados.
- **Ampla Adoção em Servidores:** A maioria dos servidores web e de infraestrutura crítica em todo o mundo roda em Linux. Dominar esse sistema operacional é fundamental para entender como esses sistemas funcionam e como protegê-los

de ataques.

- **Ferramentas Nativas:** O Linux possui uma vasta coleção de ferramentas nativas poderosas, como o terminal e comandos de linha de comando, que são essenciais para a realização de tarefas de segurança, como análise de rede, exploração de vulnerabilidades e administração de sistemas.

- **Comunidade Ativa:** A comunidade Linux é vibrante e colaborativa, oferecendo suporte, recursos e ferramentas para usuários de todos os níveis. Essa comunidade é um recurso inestimável para aprender, solucionar problemas e se manter atualizado com as últimas tendências em segurança.

Dicas para Aprender Linux:

- **Utilize o Linux como Sistema Operacional Principal:** A imersão é a chave para o aprendizado. Substitua seu sistema operacional atual pelo Linux e use-o diariamente para suas atividades. Isso o forçará a se familiarizar com o ambiente, o terminal, os comandos básicos e a estrutura do sistema de arquivos.

- **Escolha a Distribuição Certa:** Existem diversas distribuições Linux disponíveis, cada uma com suas características e foco. Para iniciantes, distribuições como Ubuntu ou Linux Mint são recomendadas por sua facilidade de uso e ampla documentação. Se você já tem alguma experiência, pode explorar distribuições mais voltadas para segurança, como Kali Linux ou Parrot OS.

- **Pratique Comandos no Terminal:** O terminal é a principal interface de interação com o Linux. Aprenda os comandos básicos e, gradualmente, explore comandos mais avançados para manipulação de arquivos, gerenciamento de processos, configuração de rede e outras tarefas essenciais.

- **Explore a Documentação e Recursos Online:** A documentação oficial do Linux e inúmeros tutoriais, fóruns e comunidades online estão disponíveis para auxiliar no seu aprendizado. Não hesite em pesquisar e buscar ajuda quando precisar.

- **Crie Projetos e Desafios:** A melhor forma de aprender é praticando. Crie projetos pessoais, como configurar um servidor web, desenvolver scripts de automação ou explorar vulnerabilidades em um ambiente de laboratório virtual.
- **Participe de Comunidades Online:** Conecte-se com outros entusiastas do Linux e profissionais de segurança em fóruns e comunidades online. Compartilhe suas dúvidas, aprenda com as experiências dos outros e colabore em projetos.

Recursos Adicionais:

- **Livros:** "Introdução ao Linux" de Machtelt Garrels, "The Linux Command Line" de William Shotts.
- **Cursos Online:** Plataformas como Coursera, Udemy e edX oferecem diversos cursos sobre Linux, desde o básico até tópicos avançados.
- **Comunidades Online:** Fóruns como o Ubuntu Forum, Linux Mint Forums e Reddit r/linux são ótimos lugares para tirar dúvidas e interagir com outros usuários.
- **Plataformas de Treinamento:** Plataformas como TryHackMe e Hack The Box oferecem desafios e laboratórios práticos para aprimorar suas habilidades em Linux e segurança da informação.

Lembre-se: Aprender Linux é um processo contínuo. Comece com o básico, pratique regularmente e não tenha medo de explorar e experimentar. Com dedicação e persistência, você dominará essa ferramenta essencial e estará bem encaminhado para uma carreira de sucesso em segurança da informação.

3. Entendimento do Protocolo TCP/IP e Redes de Computadores:

A Linguagem da Internet

O protocolo TCP/IP é, sem dúvida, a espinha dorsal da internet e de praticamente todas as redes de computadores modernas. Dominar seus meandros é crucial para qualquer aspirante a profissional de segurança da informação. Afinal, entender como os dados trafegam, como os dispositivos se comunicam e quais vulnerabilidades podem surgir nesse processo é a base para proteger sistemas e informações de ataques cibernéticos.

Por que TCP/IP é tão importante?

- **A base da internet:** O TCP/IP é o conjunto de protocolos que possibilita a comunicação entre dispositivos na internet e em redes locais. Sem ele, a internet como a conhecemos simplesmente não existiria.
- **Presente em todos os lugares:** Praticamente todos os dispositivos conectados à internet, desde computadores e smartphones até servidores e dispositivos IoT, utilizam o TCP/IP para se comunicar.
- **Alvo de ataques:** Vulnerabilidades no TCP/IP e em suas implementações podem ser exploradas por cibercriminosos para realizar ataques, como interceptação de tráfego, negação de serviço e acesso não autorizado a sistemas.
- **Essencial para a segurança:** Profissionais de segurança precisam entender o TCP/IP para analisar o tráfego de rede, identificar atividades suspeitas, configurar firewalls e implementar outras medidas de proteção.

Além do TCP/IP: A Importância das Redes de Computadores

O conhecimento sobre redes de computadores vai além do TCP/IP. É preciso entender como os diferentes dispositivos se conectam, como as informações são roteados e quais são as topologias e arquiteturas de rede mais comuns.

Por que o conhecimento em redes é fundamental?

- **Segurança de perímetro:** A segurança de redes é a primeira linha de defesa contra ataques cibernéticos. Firewalls, sistemas de detecção de intrusão e outras tecnologias de segurança dependem de um sólido conhecimento de redes para serem configurados e gerenciados de forma eficaz.

- **Análise de tráfego:** A capacidade de analisar o tráfego de rede é crucial para identificar atividades maliciosas, como tentativas de invasão, malware e exfiltração de dados.

- **Resolução de problemas:** Problemas de conectividade e desempenho em redes podem ter um impacto significativo nas operações de uma organização. Profissionais de segurança precisam ser capazes de diagnosticar e solucionar esses problemas de forma rápida e eficiente.

Dicas para Aprender TCP/IP e Redes:

- **Estude os Fundamentos:** Comece com os conceitos básicos de redes, como o modelo OSI, os diferentes tipos de redes (LAN, WAN, etc.), os principais protocolos de comunicação (TCP, UDP, ICMP, etc.) e os dispositivos de rede mais comuns (switches, roteadores, firewalls).

- **Utilize Ferramentas de Análise de Rede:** Ferramentas como Wireshark e tcpdump permitem capturar e analisar o tráfego de rede em tempo real, o que é essencial para entender o funcionamento do TCP/IP e identificar possíveis problemas ou atividades suspeitas.

- **Pratique em Laboratórios Virtuais:** Crie seu próprio laboratório virtual para simular diferentes cenários de rede e testar suas habilidades em configuração, análise de tráfego e resolução de problemas.

- **Faça Cursos e Certificações:** Existem diversos cursos online e certificações, como a Cisco CCNA, que podem te ajudar a aprofundar seus conhecimentos em redes e TCP/IP.

- **Mantenha-se Atualizado:** A área de redes está em constante evolução, com novos protocolos, tecnologias e ameaças surgindo a todo momento. Acompanhe blogs, fóruns e outras fontes de informação para se manter atualizado com as últimas tendências.

Criptografia: A Proteção das Informações

A criptografia é a ciência de proteger informações por meio de códigos e cifras. Ela desempenha um papel fundamental na segurança da informação, garantindo a confidencialidade, integridade e autenticidade dos dados.

Por que a criptografia é importante?

- **Confidencialidade:** A criptografia impede que informações sensíveis, como senhas, dados financeiros e comunicações privadas, sejam acessadas por pessoas não autorizadas.
- **Integridade:** A criptografia garante que os dados não sejam alterados ou corrompidos durante o trânsito ou armazenamento.
- **Autenticidade:** A criptografia pode ser usada para verificar a identidade de remetentes e destinatários de mensagens, garantindo que as informações sejam provenientes de fontes confiáveis.

Dicas para Aprender Criptografia:

- **Estude os Conceitos Básicos:** Comece com os conceitos fundamentais de criptografia, como cifragem simétrica e assimétrica, funções de hash, assinaturas digitais e certificados digitais.
- **Explore Algoritmos e Protocolos:** Familiarize-se com os principais algoritmos e protocolos de criptografia, como AES, RSA, TLS/SSL e PGP.
- **Pratique a Implementação:** Utilize bibliotecas de criptografia em linguagens de programação como Python para implementar e testar diferentes técnicas de criptografia.
- **Mantenha-se Informado sobre as Melhores Práticas:** A criptografia está em constante evolução, com novos algoritmos e ataques sendo desenvolvidos. Mantenha-se informado sobre as melhores práticas e recomendações de segurança para garantir a proteção adequada dos dados.

Conclusão:

Dominar o TCP/IP, as redes de computadores e a criptografia é essencial para construir uma base sólida em segurança da informação. Esses conhecimentos permitirão que você entenda como os sistemas se comunicam, identifique vulnerabilidades e implemente medidas de proteção eficazes para garantir a segurança das informações. Invista tempo e esforço no aprendizado dessas áreas e você estará bem preparado para enfrentar os desafios da carreira em segurança cibernética.

4. Programação Focada em Segurança: A Chave para o Sucesso na Cibersegurança

A capacidade de programar é uma habilidade que distingue os profissionais de segurança da informação verdadeiramente eficazes. Ela não se limita apenas à criação de ferramentas e scripts de automação, mas também permite um entendimento mais profundo de como as vulnerabilidades são exploradas e como os sistemas podem ser protegidos em um nível mais fundamental.

Por que a programação é tão importante?

- **Identificação e Exploração de Vulnerabilidades:** A programação permite que você compreenda como os softwares são construídos e, consequentemente, onde podem existir falhas de segurança. Você poderá analisar o código-fonte em busca de vulnerabilidades, desenvolver exploits para testar a segurança de sistemas e criar ferramentas personalizadas para auxiliar na identificação de brechas.
- **Automação de Tarefas:** A segurança da informação envolve

muitas tarefas repetitivas e demoradas, como a varredura de redes em busca de portas abertas, a coleta de informações sobre um alvo e a realização de testes de penetração básicos. A programação permite automatizar essas tarefas, liberando tempo para que você se concentre em atividades mais complexas e estratégicas.

- **Desenvolvimento de Ferramentas Personalizadas:** As ferramentas de segurança disponíveis no mercado nem sempre atendem a todas as necessidades. A programação permite que você desenvolva suas próprias ferramentas, adaptadas às suas necessidades específicas e aos desafios únicos que você enfrenta.
- **Análise de Malware:** A programação é essencial para analisar o código de malwares, entender seu comportamento e desenvolver soluções para detectá-los e removê-los.
- **Compreensão de Exploits:** Muitos exploits, que são códigos maliciosos que exploram vulnerabilidades em sistemas, são escritos em linguagens de programação de baixo nível, como C. Conhecer essas linguagens permite entender como esses exploits funcionam e como se proteger contra eles.

Linguagens de Programação Recomendadas:

- **Python:** Uma linguagem versátil e fácil de aprender, amplamente utilizada na área de segurança da informação. Sua sintaxe clara e a vasta biblioteca de módulos facilitam o desenvolvimento de scripts de automação, ferramentas de análise de segurança e até mesmo exploits.
- **C:** Uma linguagem de programação de baixo nível que oferece controle preciso sobre o hardware e a memória. Conhecer C é fundamental para entender como vulnerabilidades como buffer overflows são exploradas e como desenvolver defesas eficazes contra elas.
- **Shell Script (Bash):** Essencial para automatizar tarefas em sistemas baseados em Unix/Linux, como coleta de informações, configuração de sistemas e execução de ferramentas de segurança.

- **Outras Linguagens:** Dependendo da sua área de interesse, outras linguagens como JavaScript (para segurança web), PowerShell (para ambientes Windows) e SQL (para segurança de bancos de dados) também podem ser valiosas.

Dicas para Aprender Programação:

- **Comece com o Básico:** Se você é iniciante em programação, comece com uma linguagem como Python, que é fácil de aprender e possui uma grande comunidade de suporte.
- **Pratique, Pratique, Pratique:** A melhor forma de aprender a programar é praticando. Crie pequenos projetos, resolva desafios de programação e experimente diferentes abordagens para solucionar problemas.
- **Aprenda com a Comunidade:** Participe de fóruns online, comunidades de desenvolvedores e grupos de estudo para trocar ideias, tirar dúvidas e aprender com outros programadores.
- **Utilize Recursos Online:** Existem inúmeros cursos online, tutoriais e plataformas interativas que podem te auxiliar no aprendizado de programação.
- **Foque na Aplicação Prática:** Ao aprender uma linguagem, busque aplicá-la em projetos relacionados à segurança da informação. Isso tornará o aprendizado mais relevante e interessante.

Conselho: Não se limite a aprender apenas o suficiente para realizar tarefas básicas. Quanto mais você se aprofundar em programação, mais versátil e eficaz será como profissional de segurança da informação. A capacidade de desenvolver suas próprias ferramentas, analisar códigos maliciosos e entender as nuances da exploração de vulnerabilidades te colocará em uma posição de destaque no mercado.

Lembre-se: A programação é uma habilidade que exige tempo e dedicação para ser dominada. Mas o investimento valerá a pena, abrindo portas para um mundo de oportunidades na área de segurança cibernética.

5. Mergulhe na Cibersegurança: O Mundo dos Hackers Éticos

Com uma base sólida em informática, é hora de se aprofundar no universo da cibersegurança. A partir daqui, você começará a desvendar as entranhas dos sistemas, entender suas fraquezas e aprender a pensar como um hacker - mas com o nobre objetivo de proteger, e não de atacar.

Criptografia: A Arte de Proteger Segredos

A criptografia é a espinha dorsal da segurança da informação, a arte de transformar dados legíveis em códigos indecifráveis para aqueles sem a chave secreta. Dominar seus princípios é essencial para entender como proteger informações confidenciais, garantir a privacidade das comunicações e blindar sistemas contra acessos não autorizados.

- **Cifras e Algoritmos:** Mergulhe nos diferentes tipos de criptografia, desde a clássica cifra de César até os algoritmos modernos como AES e RSA. Entenda como funcionam as chaves simétricas e assimétricas, as funções de hash e as assinaturas digitais.
- **Aplicações Práticas:** Explore como a criptografia é usada em diversos contextos, como proteção de senhas, comunicações seguras (HTTPS), privacidade de e-mails (PGP) e até mesmo na segurança de criptomoedas (blockchain).
- **Criptoanálise:** Aprenda sobre as técnicas que os atacantes usam para tentar quebrar a criptografia e como se proteger contra elas.

Vulnerabilidades e Explorações: Pensando como um Atacante

Para proteger um sistema, é preciso entender como ele pode ser atacado. O estudo de vulnerabilidades e explorações te colocará na mente de um hacker, ensinando a identificar falhas de segurança e a pensar em maneiras de explorá-las.

- **OWASP Top 10:** Familiarize-se com as 10 principais vulnerabilidades de aplicações web, como injeção de SQL, cross-site scripting (XSS) e falhas de autenticação. Aprenda a reconhecê-las, explorá-las em ambientes controlados e, o mais importante, como preveni-las.
- **Outras Vulnerabilidades:** Explore outras classes de vulnerabilidades, como buffer overflows, race conditions e ataques de negação de serviço (DDoS). Entenda como elas podem ser exploradas e quais são as suas consequências.
- **Ferramentas de Exploração:** Aprenda a usar ferramentas como Metasploit, Burp Suite e outras para simular ataques e testar a segurança de sistemas em ambientes controlados.

Testes de Penetração (Pentest): A Simulação do Ataque

O pentest é a prática de simular um ataque cibernético real para identificar vulnerabilidades em um sistema antes que atacantes maliciosos as encontrem. É uma habilidade essencial para qualquer profissional de segurança ofensiva.

- **Metodologias de Pentest:** Aprenda as diferentes fases de um pentest, desde o reconhecimento e a coleta de informações até a exploração de vulnerabilidades e a elaboração de relatórios detalhados.
- **Ferramentas de Pentest:** Domine o uso de ferramentas como Nmap (para escaneamento de redes), Metasploit (para exploração de vulnerabilidades) e Burp Suite (para testes de segurança em aplicações web).
- **Ética e Legalidade:** Entenda a importância de realizar pentests apenas com autorização prévia e de forma ética e responsável, respeitando a privacidade e a confidencialidade das informações.

Recursos e Dicas:

- **Plataformas de Treinamento Online:** Plataformas como TryHackMe, Hack The Box e PortSwigger Web

Security Academy oferecem desafios práticos e laboratórios virtuais para você aprimorar suas habilidades em segurança cibernética.

- **Certificações:** Considere obter certificações como a Certified Ethical Hacker (CEH) ou a Offensive Security Certified Professional (OSCP) para validar seus conhecimentos e aumentar suas oportunidades no mercado de trabalho.

- **Comunidades Online:** Participe de fóruns, grupos de discussão e redes sociais dedicadas à segurança da informação para trocar conhecimentos, aprender com outros profissionais e se manter atualizado sobre as últimas tendências.

Conselho: A cibersegurança é um campo em constante evolução. Esteja sempre disposto a aprender, experimentar e se adaptar às novas tecnologias e ameaças. A curiosidade, a paixão pelo aprendizado e a ética são qualidades essenciais para o sucesso nessa área desafiadora e gratificante.

6. Manter-se Atualizado: A Busca Incansável pelo Conhecimento

O campo da segurança da informação é um alvo móvel em constante evolução. Novas ameaças, vulnerabilidades e técnicas de ataque surgem a cada dia, tornando o aprendizado contínuo uma necessidade absoluta para qualquer profissional que queira se manter relevante e eficaz. A estagnação não é uma opção; a busca incessante por conhecimento é o que separa os verdadeiros especialistas daqueles que ficam para trás.

Eventos e Fóruns: Conectando-se com a Comunidade

Conferências, workshops e fóruns online são oportunidades

valiosas para se conectar com outros profissionais da área, aprender com especialistas renomados e se manter atualizado sobre as últimas tendências e desafios da segurança da informação.

- **Networking:** Conhecer outros profissionais, trocar ideias e experiências, e construir relacionamentos valiosos na área.
- **Palestras e Workshops:** Aprender com especialistas sobre as últimas técnicas, ferramentas e metodologias de segurança.
- **Apresentação de Trabalhos:** Compartilhar suas próprias pesquisas e descobertas com a comunidade, ganhando reconhecimento e visibilidade.
- **Eventos Online:** Participar de webinars, workshops online e fóruns de discussão para se manter atualizado sem precisar se deslocar.

Leitura de Artigos e Blogs: Acompanhar o Ritmo das Mudanças

Acompanhar blogs, notícias e artigos especializados é uma forma eficaz de se manter informado sobre as últimas vulnerabilidades, ameaças e tendências em segurança da informação.

- **Fontes Confiáveis:** Identifique blogs e sites de notícias respeitados na área de segurança da informação e siga-os regularmente.
- **Assine Newsletters:** Cadastre-se em newsletters de empresas de segurança e especialistas para receber atualizações diretamente na sua caixa de entrada.
- **Leia White Papers e Relatórios Técnicos:** Aprofunde seus conhecimentos com a leitura de documentos técnicos que detalham pesquisas, análises de ameaças e estudos de caso.
- **Acompanhe as Redes Sociais:** Siga especialistas e empresas de segurança nas redes sociais para ficar por dentro das últimas notícias e discussões relevantes.

Outras Formas de se Manter Atualizado:

- **Cursos e Certificações:** Invista em cursos online e certificações para aprofundar seus conhecimentos em áreas específicas da segurança da informação.

- **Grupos de Estudo e Comunidades Online:** Participe de grupos de estudo e comunidades online para trocar conhecimentos, tirar dúvidas e colaborar em projetos com outros profissionais.

- **Projetos Pessoais:** Desenvolva seus próprios projetos de segurança, como criar ferramentas personalizadas, analisar malwares ou realizar testes de penetração em ambientes controlados.

- **Hackathons e Competições de CTF (Capture The Flag):** Participe de hackathons e competições de CTF para testar suas habilidades em um ambiente competitivo e aprender com outros participantes.

Mentalidade de Crescimento Contínuo:

A chave para se manter atualizado na área de segurança da informação é cultivar uma mentalidade de crescimento contínuo. Esteja sempre aberto a aprender coisas novas, a questionar suas próprias suposições e a buscar novas perspectivas. A tecnologia evolui rapidamente, e os profissionais que se adaptam e se reinventam continuamente são aqueles que se destacam e alcançam o sucesso a longo prazo.

Lembre-se: O aprendizado nunca para. A busca constante por conhecimento e o aprimoramento de suas habilidades são o que o manterão na vanguarda da segurança da informação e o prepararão para enfrentar os desafios do futuro.

7. Networking e Presença em Redes Sociais: Construindo Pontes para o Sucesso

No mundo da segurança da informação, o conhecimento técnico

é fundamental, mas não é o único ingrediente para o sucesso. Construir uma rede de contatos sólida e cultivar uma presença profissional online são igualmente importantes para abrir portas, descobrir novas oportunidades e se manter conectado com as últimas tendências do mercado.

LinkedIn: A Sua Vitrine Profissional

O LinkedIn é a principal plataforma de networking para profissionais de todos os setores, e na área de segurança da informação não é diferente. Um perfil bem estruturado e atualizado no LinkedIn pode ser a chave para atrair a atenção de recrutadores, encontrar mentores e estabelecer conexões valiosas com outros especialistas.

- **Mantenha seu Perfil Atualizado:** Um perfil completo e atualizado, com uma foto profissional, um resumo claro de suas habilidades e experiências, e links para projetos relevantes, demonstra profissionalismo e comprometimento.
- **Compartilhe Conteúdo Relevante:** Publique artigos, notícias e insights sobre segurança da informação para mostrar seu conhecimento e engajamento com a área.
- **Conecte-se com Outros Profissionais:** Busque e conecte-se com outros profissionais da área, incluindo colegas de trabalho, ex-colegas de estudo, especialistas que você admira e recrutadores de empresas de segurança.
- **Participe de Grupos de Discussão:** Junte-se a grupos de discussão relevantes para trocar ideias, fazer perguntas e aprender com outros profissionais.
- **Siga Empresas e Especialistas:** Acompanhe as empresas e os especialistas que você admira para se manter informado sobre as últimas novidades e oportunidades do mercado.

Além do LinkedIn: Outras Redes Sociais

Embora o LinkedIn seja a plataforma de networking mais importante para profissionais de segurança da informação, outras redes sociais também podem ser úteis para construir sua presença online e se conectar com outros especialistas.

- **Twitter:** Siga especialistas, empresas e hashtags relevantes para se manter atualizado sobre as últimas notícias e discussões da área.
- **GitHub:** Compartilhe seus projetos de código aberto, contribua para projetos de outros desenvolvedores e demonstre suas habilidades de programação.
- **Blogs e Fóruns:** Participe de fóruns de discussão e blogs especializados para trocar ideias, fazer perguntas e aprender com a comunidade.

Dicas para um Networking Eficaz:

- **Seja Ativo e Participativo:** Não basta apenas criar um perfil e esperar que as oportunidades caiam do céu. Seja proativo, participe de discussões, compartilhe conteúdo relevante e busque conexões com outros profissionais.
- **Ofereça Ajuda e Suporte:** Ajude outros profissionais quando possível, respondendo perguntas, compartilhando recursos e oferecendo conselhos. A reciprocidade é fundamental para construir relacionamentos duradouros.
- **Mantenha uma Postura Profissional:** Lembre-se de que suas interações online refletem sua imagem profissional. Evite postagens polêmicas, linguagem inadequada e comportamentos que possam prejudicar sua reputação.
- **Construa Relacionamentos Genuínos:** O networking não se trata apenas de coletar contatos. Concentre-se em construir relacionamentos genuínos com pessoas que compartilham seus interesses e objetivos.
- **Esteja Presente em Eventos:** Participe de eventos presenciais, como conferências e meetups, para conhecer pessoas cara a cara e expandir sua rede de contatos.

Networking e a sua Carreira:

Construir uma rede de contatos forte e cultivar uma presença profissional online pode abrir portas para novas oportunidades de emprego, colaborações em projetos interessantes e até mesmo parcerias de negócios. Além disso, o networking permite que você aprenda com outros profissionais, compartilhe seus conhecimentos e se mantenha motivado e inspirado em sua jornada na área de segurança da informação.

Lembre-se: O networking é um investimento a longo prazo. Cultive seus relacionamentos, seja generoso com seu tempo e conhecimento, e você colherá os frutos ao longo de sua carreira.

8. Recursos de Estudo e Prática: O Caminho para o Domínio da Cibersegurança

A internet é um vasto oceano de conhecimento, e para um aspirante a hacker ético, navegar por suas águas e encontrar os recursos certos pode ser a diferença entre um aprendizado superficial e um domínio profundo da área. Felizmente, existem inúmeras opções gratuitas e pagas que podem te guiar nessa jornada, desde cursos online e plataformas interativas até comunidades vibrantes e desafios práticos que simulam o mundo real da segurança cibernética.

Cursos e Plataformas de Ensino:

- **EC-Council Ethical Hacking Essentials:** Se você está dando seus primeiros passos na área, este curso oferece uma introdução abrangente aos principais conceitos e técnicas de hacking ético, preparando você para certificações como a CEH.

- **OWASP (Open Web Application Security Project):** Uma organização sem fins lucrativos dedicada à segurança de aplicações web, o OWASP oferece uma riqueza de recursos gratuitos, incluindo guias, ferramentas e projetos de código aberto que te ajudarão a entender e mitigar as principais vulnerabilidades em aplicações web.

- **TryHackMe:** Uma plataforma gamificada que transforma o aprendizado em uma aventura. Com desafios práticos, salas de aprendizado interativas e um sistema de progressão que te motiva a continuar avançando, o TryHackMe é uma excelente opção para quem aprende melhor fazendo. Embora seja em inglês, o esforço para superar a barreira do idioma valerá a pena.
- **Solyd Offensive Security:** Uma plataforma brasileira voltada para o aprendizado prático e focada no mercado de trabalho. Com cursos ministrados por profissionais experientes, laboratórios hands-on e até mesmo competições internas de Capture The Flag (CTF), a Solyd te prepara para os desafios reais da segurança ofensiva.
- **Outras Plataformas:** Outras plataformas como Udemy, Coursera, Cybrary e Pluralsight oferecem uma ampla variedade de cursos sobre segurança da informação, desde o básico até tópicos avançados, ministrados por especialistas renomados.

Comunidades e Fóruns Online:

- **Reddit:** Comunidades como r/netsec, r/HowToHack e r/cybersecurity são ótimas fontes de informação, discussões e recursos sobre segurança da informação.
- **Stack Overflow:** Uma plataforma para perguntas e respostas sobre programação e tecnologia, incluindo tópicos relacionados à segurança.
- **Fóruns Especializados:** Diversos fóruns online dedicados à segurança da informação, como o Security Stack Exchange e o SANS DFIR Community, oferecem um espaço para trocar ideias, tirar dúvidas e aprender com outros profissionais.

Recursos Adicionais:

- **Livros:** "The Web Application Hacker's Handbook",

"Hacking: The Art of Exploitation", "The Art of Intrusion".

- **Blogs e Podcasts:** Acompanhe blogs e podcasts de especialistas em segurança da informação para se manter atualizado sobre as últimas tendências e notícias do setor.
- **Hackathons e CTFs:** Participe de hackathons e competições de Capture The Flag para testar suas habilidades em um ambiente competitivo e aprender com outros participantes.

Dicas para um Aprendizado Eficaz:

- **Defina seus Objetivos:** Determine quais áreas da segurança da informação você deseja dominar e concentre seus esforços em recursos e treinamentos relevantes.
- **Crie um Plano de Estudo:** Organize seu tempo e defina metas de aprendizado realistas. A consistência é fundamental para o progresso.
- **Pratique em Laboratórios Virtuais:** A prática é essencial para consolidar o conhecimento teórico. Utilize laboratórios virtuais para simular ataques, testar ferramentas e experimentar diferentes técnicas de segurança.
- **Compartilhe seu Conhecimento:** Ensinar é uma ótima forma de aprender. Compartilhe seus conhecimentos com outras pessoas, escreva tutoriais, participe de fóruns e ajude outros iniciantes.
- **Nunca Pare de Aprender:** A segurança da informação é um campo em constante evolução. Esteja sempre aberto a novas ideias, tecnologias e abordagens.

Conselho: A jornada para se tornar um especialista em segurança da informação é longa, mas recompensadora. Não se desanime com os desafios e celebre suas conquistas ao longo do caminho. Com dedicação, paixão e uma sede insaciável por conhecimento, você alcançará seus objetivos e se tornará um profissional de segurança da informação de alto nível.

9. Metodologia de Estudo e Prática: Da Teoria à Ação

Aprender cibersegurança é como aprender a tocar um instrumento musical ou um novo idioma: a teoria é essencial, mas a prática constante é o que realmente leva à maestria. Afinal, de que adianta conhecer todos os acordes se você não consegue tocar uma música? Ou saber todas as regras gramaticais sem conseguir manter uma conversa?

A Importância da Prática na Cibersegurança

- **Consolidação do Conhecimento:** A prática permite que você aplique o conhecimento teórico em situações reais, solidificando o aprendizado e tornando-o mais significativo.
- **Desenvolvimento de Habilidades:** Aprender a usar ferramentas, identificar vulnerabilidades e solucionar problemas exige prática constante. Quanto mais você se exercita, mais afiadas suas habilidades se tornam.
- **Pensamento Crítico e Criatividade:** A prática te força a pensar "fora da caixa", a encontrar soluções criativas para desafios complexos e a desenvolver suas próprias estratégias de ataque e defesa.
- **Experiência Real:** Simular ataques em ambientes controlados e participar de competições como Capture The Flag (CTF) te proporcionam uma experiência próxima do mundo real da segurança cibernética, preparando você para os desafios da profissão.

Metodologias de Estudo Eficazes

- **Aprenda Fazendo:** Busque cursos e plataformas que ofereçam laboratórios práticos e desafios hands-on, como a Solyd Offensive Security e o TryHackMe.
- **Crie seu Próprio Laboratório:** Monte um ambiente virtual

seguro em seu computador para praticar suas habilidades sem correr o risco de causar danos reais.

- **Participe de CTFs:** Competições de Capture The Flag são uma ótima maneira de testar suas habilidades em um ambiente competitivo e aprender com outros participantes.
- **Contribua para Projetos Open Source:** Colabore em projetos de código aberto relacionados à segurança para ganhar experiência prática e aprender com desenvolvedores experientes.
- **Compartilhe seu Conhecimento:** Ensinar outras pessoas é uma excelente forma de consolidar seu próprio aprendizado. Crie tutoriais, escreva artigos ou participe de grupos de estudo para compartilhar o que você sabe.

Mentalidade de Hacker Ético

Além das habilidades técnicas e da prática constante, um hacker ético precisa cultivar uma mentalidade específica:

- **Curiosidade:** Questione tudo, busque entender como as coisas funcionam e nunca pare de aprender.
- **Persistência:** A segurança da informação é um campo desafiador. Esteja preparado para enfrentar obstáculos, aprender com seus erros e nunca desistir.
- **Ética:** Aja sempre com responsabilidade e integridade, respeitando a privacidade e a confidencialidade das informações e utilizando seus conhecimentos apenas para o bem.

Conselho: A jornada para se tornar um especialista em segurança da informação é uma maratona, não uma corrida de curta distância. Mantenha o foco, celebre suas conquistas e nunca perca a paixão pelo aprendizado. Com dedicação e esforço, você alcançará seus objetivos e se tornará um profissional de segurança da informação de alto nível, pronto para proteger o mundo digital de ameaças cada vez mais sofisticadas.

10. O Valor da Curiosidade: O Combustível da Inovação na Segurança da Informação

A curiosidade é a faísca que inflama a mente de um hacker ético, o motor que impulsiona a busca incessante por conhecimento e a força motriz por trás de cada descoberta e inovação. No mundo da segurança da informação, onde as ameaças evoluem a cada segundo e a tecnologia avança em ritmo acelerado, a curiosidade não é apenas uma qualidade desejável, mas sim um pré-requisito para o sucesso.

A Curiosidade como Motor do Aprendizado Contínuo

- **Questionar o Status Quo:** A curiosidade leva o profissional a questionar o funcionamento das coisas, a buscar entender os porquês e a explorar novas possibilidades. Essa mentalidade inquisitiva é essencial para identificar vulnerabilidades, desenvolver novas técnicas de proteção e se antecipar às ameaças emergentes.

- **Sede Insaciável por Conhecimento:** A curiosidade alimenta o desejo de aprender continuamente, de se aprofundar em diferentes áreas da tecnologia e de se manter atualizado com as últimas tendências e ferramentas. O profissional curioso nunca se contenta com o conhecimento superficial; ele busca sempre ir além, desvendando os mistérios por trás dos sistemas e das redes.

- **Mentalidade de Crescimento:** A curiosidade impulsiona o desenvolvimento de uma mentalidade de crescimento, onde desafios são vistos como oportunidades de aprendizado e o fracasso é apenas um trampolim para o sucesso. O profissional curioso não se intimida diante de obstáculos; ele os encara como quebra-cabeças a serem resolvidos, motivado pela busca por soluções inovadoras.

A Curiosidade na Prática: Exemplos de Sucesso

- **Descoberta de Novas Vulnerabilidades:** Muitos dos maiores avanços em segurança da informação foram impulsionados pela curiosidade de hackers éticos que se perguntaram: "E se eu tentar isso?". Essa mentalidade exploratória levou à descoberta de falhas críticas em sistemas amplamente utilizados, permitindo que empresas e organizações as corrigissem antes que fossem exploradas por atacantes maliciosos.
- **Desenvolvimento de Novas Ferramentas:** A curiosidade também impulsiona a criação de novas ferramentas e técnicas de segurança. Profissionais curiosos estão sempre buscando maneiras mais eficientes e eficazes de proteger sistemas, automatizar tarefas e analisar dados, impulsionando a inovação no campo da cibersegurança.
- **Resolução de Problemas Complexos:** A curiosidade é a chave para desvendar os mistérios por trás de incidentes de segurança complexos. Ao investigar um ataque cibernético, o profissional curioso busca entender não apenas o "como", mas também o "porquê" e o "quem", conectando os pontos e encontrando soluções para prevenir futuros incidentes.

Cultivando a Curiosidade:

- **Questione Tudo:** Não aceite as coisas como elas são. Pergunte-se sempre "por que?" e "como?". Investigue, explore e busque respostas para suas perguntas.
- **Experimente:** Não tenha medo de testar suas ideias, mesmo que elas pareçam estranhas ou improváveis. A experimentação é a chave para a descoberta.
- **Aprenda com Seus Erros:** Nem todas as suas tentativas serão bem-sucedidas. Veja os erros como oportunidades de aprendizado e use-os para aprimorar suas habilidades e conhecimentos.
- **Compartilhe seu Conhecimento:** A troca de ideias e experiências com outros profissionais é fundamental para o crescimento. Compartilhe suas descobertas, faça perguntas e

aprenda com a comunidade.

- **Mantenha-se Inspirado:** Leia livros, assista a palestras, participe de eventos e busque constantemente novas fontes de inspiração para alimentar sua curiosidade.

Conclusão:

A curiosidade é o combustível que impulsiona a inovação e o sucesso na área de segurança da informação. Ao cultivar essa qualidade e combiná-la com disciplina e dedicação, você estará no caminho certo para se tornar um hacker ético excepcional, capaz de proteger o mundo digital das ameaças em constante evolução. Lembre-se: a jornada do aprendizado nunca termina, e a cada nova descoberta, você estará contribuindo para um futuro mais seguro para todos.

CONCLUSÃO

Iniciar na carreira de segurança da informação é um desafio, mas também uma jornada repleta de oportunidades e recompensas. Com dedicação, curiosidade e a disposição de aprender e se adaptar constantemente, você pode se destacar neste campo e construir uma carreira de sucesso.

Se este livro te inspirou ou ajudou de alguma forma, adoraria que você me procurasse no LinkedIn. Será um prazer conectar e acompanhar o seu progresso na carreira. E lembre-se, o sucesso na cibersegurança não é alcançado da noite para o dia, mas com perseverança, estudo contínuo e paixão pelo que se faz.

FIM